MERIDIANE

Aus aller Welt

Band 125

Thomas Hürlimann

Der Sprung in den Papierkorb

Geschichten, Gedanken und Notizen am Rand

Ammann Verlag

Erste Auflage

Homepage: www.ammann.ch

Satz: Gaby Michel, Hamburg
Druck und Bindung: Clausen & Bosse, Leck
ISBN 978-3-250-60125-8

Der Sprung in den Papierkorb

Schreiben

Beim ersten Mal war ich gut, sehr gut sogar, doch wurde ich für meine Leistung nicht belohnt, sondern bestraft.

Damals war ich vierzehn Jahre alt und Klosterschüler im ehrwürdigen Stift zu Einsiedeln. Wir hatten einen wundervollen Deutschlehrer, Pater Erlebald. Er las uns seine Lieblingsgedichte vor und Szenen aus dem *König David* von Reinhard Sorge. Beim Eintritt ins Kloster hatte Pater Erlebald seine Stimme verloren, und noch heute höre ich die schönsten Verse der Menschen, die Gottfried Bennschen, von seiner fast tonlosen Stimme hervorgekrächzt.

An einem sonnigen Frühlingsmorgen lag Pater Erlebald, wie in letzter Zeit öfter, fieberkrank in seiner Zelle, und Pater Walafried, der Subpräfekt, erhielt vom Gütigen – so wurde der oberste Präfekt genannt – den Auftrag, unsere Klasse zu einem Stundenaufsatz ins Freie zu führen, auf einen Hügel hinter dem Kloster. Dort sollten wir, wie der Ersatzlehrer an Ort und Stelle verkündete, eine Baumgruppe beschreiben. Glücklich, der Steinwelt des Klosters entronnen zu sein, legte ich los. Durch die Blätter blitzte die Sonne, Dunst lag überm

Land, und es fiel mir leicht, die sieben Linden als Naturkathedrale zu beschreiben, aus Luft und Licht gebaut, von uralten Säulen getragen. Nach einer Stunde sammelte Ersatzlehrer Walafried unsere Hefte ein und hieß uns Zöglinge, die wir schwarze Kutten trugen, ins Kloster zurückmarschieren. Damit hätte sein Auftrag geendet, Pater Walafried jedoch, der seit Jahren davon träumte, in den Schuldienst eintreten zu dürfen, wollte die Bewertung der Aufsätze nicht dem kranken Erlebald überlassen, sondern selber vornehmen. Während des abendlichen Studiums bestellte er mich in seine Zelle, zeigte auf mein Heft und fragte: »Wo hast du das abgeschrieben?«

»Ich habe nicht abgeschrieben, Herr Walafried«, antwortete ich leise.

Er blieb dabei, bezichtigte mich der Lüge und wiederholte seine Frage. Vorsichtig wies ich den Pater darauf hin, er habe uns das Thema erst auf dem Hügel eröffnet, weshalb es mir gar nicht möglich gewesen wäre, mitten in der Natur ein Buch zu erwischen, um mich daraus zu bedienen. Walafried, seiner Meinung sicher, grinste meinen Einwand beiseite: »Gesteh, Lügner!«

Ich weigerte mich, ein falsches Geständnis abzulegen. Da befahl er mir, ihm die Innenflächen meiner Hände zu zeigen, und während er laut und lauter fragte, wer der Dichter sei, dem ich die herrlichen Sätze gestohlen habe, hieb er mit einem vierkantigen Lineal auf mich ein. Meine Handballen schwollen an, die Haut drohte zu platzen, er schrie, ich winselte, er schlug, ich heulte, doch heulte ich die Wahrheit: »Ich habe nicht abgeschrieben, Herr Walafried, ich habe nicht abgeschrieben.«

So wurde ich mit einem Lineal zum Dichter geschlagen, und wenn ich in späteren Jahren verrissen wurde, dachte ich wehmütig: Wenn wir wirklich gut sind, wird es uns heimgezahlt.

Mit sechzehn schrieb ich mein erstes Stück, stieg aus der Kutte, schlang mir einen Schal um den Hals, kletterte über die Klostermauer, fuhr per Autostopp nach Zürich, betrat die Direktion des Schauspielhauses und erklärte einer verdutzten Sekretärin, hier sei die Dichtung, auf die das Haus seit Jahren warte. Ich bat sie, mir so bald als möglich mitzuteilen, wann die Uraufführung stattfinde, und es kommt mir heute wie ein Wunder vor, daß ich nach einigen Wochen von Dietbert Reich, dem Dramaturgen, zum Gespräch geladen wurde.

Meine Komödie handelte von Adligen, die während der Französischen Revolution ins Innere der Erde geflohen sind. Dort zeugen sie sich fort, und als einer (ich!) nach langer Zeit an die Oberfläche zurückkehrt, stellt sich heraus, daß er nur noch an der Decke gehen kann. Dummerweise verliebt er sich in eine gewisse Gisela, die Frau des Einsiedler Fotografen, und da sie mit ihren schönen Beinen fest auf der Erde steht, bleibt die Liebe des jungen, kopfüber von der Decke hängenden Grafen ebenso unsterblich wie unerfüllbar. Dramaturg Reich erklärte mir, das Theater sei kein Zirkus, und meine Chance, gespielt zu werden, werde sich beträchtlich erhöhen, wenn ich künftig auf artistische Vorgaben verzichte. Ich fühlte mich verkannt, und wäre Gisela nicht gewesen, die ich vor meinem Freitod ein einziges Mal küssen wollte, hätte ich mich an einem Lindenast meiner Naturkathedrale aufgehängt, natürlich mit den Füßen nach unten. Aber Gisela zog es vor, ihre Ehe und mein Leben zu retten – sie verweigerte mir den Kuß. So schrieb ich, statt den Strick zu nehmen, einen Liebesroman, und aus Gründen, die auf der Hand lagen, der geschlagenen, stand im Mittelpunkt des in Hexameter gegossenen Werks ein gewisser Frunz, voller Pickel, die Nase krumm, vorstehend die Zähne, aber mit dem Talent versehen, sich bei einbrechender Dämmerung in einen Adler zu verwandeln. Frunz wagt es nicht, in einem Fotogeschäft sein Paßbild abzuholen, als Adler jedoch landet er nachts auf dem Dach, unter dem die schöne Gisela mit ihrem Fotografen das Bett teilt, stößt wilde Brunstschreie aus, ra raak, ri riik, und bestimmt ist es besser, wenn ich den Rest verschweige (der arme Vogel konnte alles außer vögeln).

Wieder wurde meine Dichtung verkannt, trotzdem schrieb ich weiter, ich mußte es tun, ob ich wollte oder nicht, *nulla dies sine linea,* kein Tag ohne Zeile, nur in den Wörtern konnte ich atmen, nur auf einer Seite, die bis zum Rand gefüllt war, ohne jeden Freiraum, wie heutzutage die Gemälde der Sprayer auf Betonwänden, war ich vorhanden. Erfolglos vorhanden. Was ich verschickte, sei's an Theater, an Verlage, an Zeitungen, ging verloren oder kam mit vorgefertigten Absagen retour. Seit ich dreizehn war, führte ich die Existenz eines Dichters, aber ich mußte dreißig werden, bis es mir gelang, auf der Bühne und in einem Verlag, erst noch einem neu gegründeten, zu landen.

Der mir liebste Mensch war mein Bruder. Er hatte Knochenkrebs und kämpfte vier Jahre gegen den Tod. Sein Sterben verwandelte mich. Ihm zeigte sich alles im Abend- und Abschiedslicht, in den Tönen der Dämmerung, und fast ohne es zu merken, begann ich seine Sicht zu übernehmen. Ich lernte, daß das Schöne, wie Rilke sagt, der Anfang des Schrecklichen ist und das Schreckliche der Anfang des Schönen. Am Bett des Sterbenden schrieb ich erneut ein Theaterstück, und mit wachsender Erregung nahm ich wahr, wie ich zum ersten Mal etwas Eigenes erschuf. Mit neuer Hoffnung sandte ich das Stück, *Großvater und Halbbruder,* an einige Verlage sowie an die Jury des Stückemarkts beim Berliner Theatertreffen – und hatte zum ersten Mal Glück. Eines Abends, es war kurz vor zehn, erhielt ich das schönste Telefonat meines Lebens. Sigrid Wiegenstein meldete sich, die Vorsitzende der Jury, und teilte mir mit, mein Stück sei angenommen. Es wurde von den besten Schauspielern Westberlins gelesen, unter anderen von Fritz Lichtenhahn und Otto Sander, und plötzlich war ich in der komfortablen Lage, Dramaturgen und Verlagslektoren, die mich mit Angeboten köderten, stehenzulassen. Über Nacht hatte sich mein Lebenswunsch erfüllt, ich hätte jubeln müssen, doch als ich am nächsten Morgen erwachte, hatte ich einen üblen Kater. Subpräfekt Walafried, dachte ich, hat recht behalten. Wie war ich zum Autor geworden? Indem ich etwas Eigenes geschaffen hatte. Aber es war *sein* Eigenes. Das Eigene meines Bruders. Nicht ich, er war der Autor. Die Dämmertöne gehörten ihm. Er, nicht ich, hatte das Stück erdacht. Es kam an. Im »Berliner Tagesspiegel«, der wichtigsten Zeitung der Stadt, konnte ich lesen, daß ein neuer Name aufgetaucht sei, ein Name, den man sich merken müsse. Schön. Sehr schön. Dumm war nur, daß es ein Toter war, erst noch mein Bruder, der dieses Bravourstück hingelegt hatte. Der unverdiente Erfolg quälte mich, und er quälte mich so gewaltig, daß ich im Moment des Durchbruchs den Entschluß faßte, mit dem Schreiben aufzuhören.

Da klingelte es. Im Flur des Berliner Hinterhauses, wo ich damals wohnte, stand Egon Ammann, der Leiter der Suhrkamp-Dépendance in Zürich. Die kleine Nihal, eine Türkin, die mit ihrer Familie eine Treppe höher wohnte, hatte ihn zu mir geführt, und zu meinem Erstaunen sprach der Herr aus Zürich mit Nihal fließend Türkisch.

Obwohl mir kein Mensch abnimmt, was sich bei dieser Begegnung ereignet hat, sei sie kurz berichtet. Wir lehnten uns gegenseitig ab. Der Herr aus Zürich gab mir mein Stück zurück (vor einigen Monaten hatte ich es auch an ihn gesandt). »Vergessen Sie das Theater«, meinte er, »schreiben Sie Prosa, dann werden wir Sie herausbringen.«

Ich schlug sein Angebot aus. Wir schüttelten uns die Hände und sagten: »Adieu.«

So stand am Anfang unserer Beziehung deren Ende – oder war es umgekehrt? War dieses Ende jener Anfang, den wir suchten?

Die Szene im *Treppenhaus* der Kreuzberger Mietskaserne wirkte bei beiden nach. Ich mußte immer wieder an den Schweizer Basarhändler denken, der, auf seinen Fersen hockend, mit Nihal gescherzt hatte, und ihm war es zum ersten Mal widerfahren, daß einer nein sagt, wenn ihm Suhrkamp die Visitenkarte unter die Nase hält.

Treppenhaus: Ich bin ein Schüler des Doktors (siehe *L'esprit de l'escalier*), und schon hier, auf der ersten Treppe dieses Bändchens, sei vermerkt, daß für meinen Lehrer die Treppe ein wichtiges Thema war. Man wird ihr im folgenden hie und da begegnen, mal verborgen, mal prunkvoll, hier empor-, dort hinabführend. »Stägeli uuf, Stägeli ab«, lautet der Refrain in einem Volkslied meiner Heimat, »Treppchen rauf, Treppchen runter.«

Meine damalige Freundin hieß Ute und jobbte als Serviererin im *Litfin,* jener Westberliner Gastwirtschaft, deren Eingang direkt an der Mauer lag. Schäferhunde, die im Todesstreifen Hasen jagten, ließen von drüben ihr Gehechel hören, und der Scheinwerfer eines Wachturms gab den Novembernächten eine gespenstische Helle. Als Ammann wiederkam, nun mit Marie-

Luise Flammersfeld, seiner Partnerin, führte ich die beiden hierher. Ute brachte uns die Biere, und schon nach den ersten Schlucken deuteten die Besucher aus Zürich an, daß sie einen verwegenen Plan hegten: die Gründung eines eigenen Verlags.

Die letzten Gäste hatten sich davongemacht. Von drüben jaulten die Hunde, und strich der Scheinwerfer über die Fenster, versetzte er uns ins Niemandsland. Ich erzählte von meinem Bruder, dem wahren Dichter, aber die beiden Verlagsgründer hielten mich keineswegs für einen Betrüger, sondern meinten: »Darüber mußt du schreiben.«

»Das schaffe ich nie«, wandte ich ein.

»Darum geht's«, sagten die beiden.

Ute, müde vom stundenlangen Servieren, saß nun bei uns am Tisch. Sie war der *Engel,* der die Verlagsgründung begleitet hat, und zugleich seine erste Gönnerin – die von ihr gestiftete Flasche Wodka tranken wir gemeinsam aus.

Engel: Ein sehr schöner Engel, einiges größer als ich, mit kurzen blonden Haaren, schmalen Händen und knisternden Flügeln. Aber erst ein Jahr später, im Augenblick unserer Trennung, sollte ich erfahren, wieviel dieser Engel von Literatur verstand – siehe *Lehrjahre in Platons Höhle.*

Als über der schwarzen Mauer ein aprikosenfahler Himmel erschien, schlossen wir auf einem feuchten Bierdeckel einen Vertrag, und bald danach wurde mein Erstling, *Die Tessinerin,* das erste Buch des neu gegründeten Ammann Verlags. Mit der Titelgeschichte konnte ich mich vom Gefühl, ich hätte abgeschrieben, für immer befreien. Es geschieht auf wenigen Zeilen. Mitten im Text steht mit seinen eigenen Worten, mit seinem Namen und seinen Daten, wie ein Grabstein mein Bruder. Indem ich ihn zitierte, war ich zum Autor geworden.

Im Foyer

Noch regnet es nicht in Zürich, hell ist der Abend und sommerlich heiß. Die Theater-Arche steht bereit zur Aufnahme der Paare, und bereit stehen im Foyer auch wir, die Garderober, um die Mäntel und Schirme des Publikums zu empfangen. Das Jaulen einer Sirene, schwirrende Stimmen, fröhliches Lachen – draußen lebt die Stadt. Draußen. Nicht hier. Noch nicht. Wir Garderober, in zwei Chorhälften geteilt, stehen einander an den Seitenwänden gegenüber, und wiewohl sich um diese Zeit, vierzig Minuten vor Beginn der Vorstellung, zwischen unseren Tresen eine gähnende Leere erstreckt, geben wir die Hoffnung nicht auf, die eine oder andere Blechmünze mit der eingestanzten Nummer vom Haken zu nehmen und durch ein Kleidungsstück zu ersetzen. Unsere Hoffnung hat eine schöne, altbewährte Quelle: Freitag-Abo B.

Plötzlich knallen Türen. Aus dem oberen Foyer kommen drei Bühnenarbeiter die Treppe herabgeschlendert. Einer trägt ein Gemälde unseres Intendanten Marthaler, einer trägt den Werkzeugkasten und einer die Verantwortung. In den Korridoren, die zum Parkett führen, hängt der Intendant in Galeriestärke, mal mit

Strohhut, mal mit Bierflasche, mal kubistisch, mal lebensgetreu, weshalb es uns Garderober nicht erstaunt, daß den vielen Porträts ein neues, gar ein goldgerahmtes, hinzugenagelt werden soll: Intendant Marthaler als Kapitän der Theater-Arche. Fürwahr ein sinniges Bild! Von Sturmregen und Gischt umtost, steht er auf der Brücke, das Steuer fest in den Pranken.

»Aber halt, halt, das ist der falsche Platz!« befiehlt auf einmal eine weibliche Stimme von oben, und die drei Bühnenarbeiter machen sich samt Gemälde, Werkzeugkasten und Verantwortung auf leisen Sohlen davon. Das war die Carp, die Chefdramaturgin. Sie braucht gar nicht hinzusehen, sie weiß Bescheid: Stets und ständig läuft alles schief. Die Bühnenarbeiter wollen an der falschen Stelle Bilder aufhängen; die Schauspieler leisten sich ein falsches Bewußtein, und das Publikum paßt nicht zu den dekonstruierten Stücken. Wir Garderober sind dieser Vorfrau in Ehrfurcht verbunden. Wenn der Intendant, von Getreuen umlagert, in seiner Kajüte vor sich hin summt und die Schauspieler in der Kantine die letzten paar Textreste vergessen – die Carp wird es schon richten! Dabei gilt es allerdings zu bedenken, daß in diesem Haus, das der Darstellung geweiht ist, selbst die Führungskunst unserer Vorfrau über eine Demonstration nicht hinausgelangt. Sobald es die Arche vom Grund hebt, haben wir nur noch zu schwimmen, zu schaukeln, zu treiben – auf einer Welt ohne Land gibt es keine Richtung, eine Arche läßt sich nicht pilotieren.

Endlich das erste Paar, sie im Abendkleid, er im Smoking!

Nein, der Taxifahrer hat sich in der Adresse geirrt, das Paar will in die Oper, macht kehrt, zieht ab, und der Neid auf unsere Kollegen im Opernhaus, das selbst an den schönsten Sommerabenden bis auf den letzten Klappsitz gefüllt ist, frißt sich wie Gift in unsere Seelen.

Ah, da kommt Herr Hitz, eine andere Größe der Arche!

Mit elastischen Schritten strebt er den Verkäuferinnen des Programmheftes zu (uns Garderobern hat die Gewerkschaft das Anbieten von Programmheften untersagt) und kontrolliert, ob die Stapel vorschriftsgemäß in den Armbeugen liegen. Dabei blättert er wie zufällig ein Heft auf und liest sich im selbstfabrizierten Tiefsinn fest. Notate zum Begriff des Realen bei Lacan! Es durchlaufen ihn Schauer.

Die sinkende Sonne durchschneidet mit waagrechten Strahlen die Foyerleere. Hitz schenkt seinem Text ein Lächeln, dann winkt er uns aufmunternd zu und verschwindet im Laufschritt treppauf, zurück in seine Kabause unterm Dach, wo er seit vielen Monaten an einem Manifest wider das postdramaturgische Theater feilt. Wir aber, Hunderte leerer Haken im Nacken, sind wieder allein. Wo bleiben die Wasser-, wo die Zuschauermassen?

Punkt halb acht hallt die Stimme von Frau Herbst, der Inspizientin, über die hinteren und unteren Decks.

»Neunzehn Uhr dreißig«, meldet sie, »noch eine halbe Stunde bis zur Vorstellung!«

Daß die Inspizientin Herbst heißt, hat etwas Tröstliches. Im Herbst gehen die großen Regen nieder, und bereits jetzt, um halb acht, würden uns einige tropfend nasse Plastikpelerinen ein Lacansches Realitätsgefühl vermitteln. Kommt heute kein einziges Paar?

Keines. Die Haken, die Nummern, die Schirmrechen warten vergeblich. Heute, da die Stadt mit übervollen Straßencafés, verliebten Pärchen und blühenden Linden nach Sommer, Feierabend und Wochenende duftet, müssen wir, der Chor der Garderober, unsere weißen Hände auf dem Rücken ruhen lassen. Furcht befällt uns, düstere Betrübnis. Weh uns, weh dieser Arche!

Irgendwann humpeln dann doch einige herein. Altersmühsalbeladene. Gutgesinnte. Freitag-Abo-B-ler der ersten Stunde, allzeit bereit, ihre Sitzpflicht zu erfüllen. Ursprünglich nickte man sich höchstens einen Gruß zu, nach soundso vielen Theaterabenden jedoch, da man sich zu Beginn, in der Pause und nach der Vorstellung kaum ausweichen konnte, begann man einen zarten Kontakt herzustellen. Er fand im gleichen Geschmack eine sichere Basis, und je höher sie ins Rentenalter stiegen, desto einiger vermochten die Abo-B-Veteranen ihr Urteil zu fällen: Stück zu lang, Inszenierung furchtbar, die Schauspieler na ja. »Ausgenommen die Dings«, rief eine, und die andern, denen der Name ebenfalls auf der Zunge lag, antworteten einstimmig: »Ja, die Dings, die war gut.«

Die Dingsen wechselten, die Abonnenten blieben, wurden tauber, kamen sich näher, und nach vielen Jahren gemeinsam durchlebter Pausen begannen sie sich im Glanz einer Abo-gestifteten Freundschaft zu sonnen. Ihre Plätze haben sie im Lauf der Jahrzehnte zu einer Sitzgruppe zusammengeschweißt. Früher beherrschten sie ein Drittel der zwölften Parkettreihe. Dann, schlechter hörend und schlechter sehend, rückten sie gemeinsam vor, in die neunte. Hier werden sie wohl bleiben und mit der Zeit, wenn sich die Abgänge häufen, enger zusammenrücken. Dauert die Vorstellung länger als zwei Stunden, bestellen sie den Après-Tisch im Restaurant bereits zur Pause – dafür ist seit dem Ableben von Kantonalbankdirektor Widmer schon in der siebten Saison Stucki-Aebersold zuständig, Exoberst im Generalstab. Seinem Appell folgt die Begrüßung. Bei zwei Entschuldigungen (infolge Herzrhythmusstörungen beziehungsweise Bike-Unfall) hat sich die Gruppe vollständig eingefunden. Die Aufführung, zitiert Stucki-Aebersold aus der Premierenkritik des ortsansässigen Weltblatts, erfülle zwar die Kriterien einer postdramaturgischen Stückelosigkeit, doch mangle es dem Autor an »wärmendem Humor«. Die Freitag-Abo-B-ler seufzen. »Immerhin spielt die Dings mit«, schnarrt Stucki-Aebersold, »die wird sich anständig aus der Affäre ziehen.«

Dann will sich die gesamte Gruppe um Leonie Zumbühl kümmern, die aber (Blaseninsuffizienz) stapft mit ausholenden Stockschlägen Richtung Toilette. »Geht nur«, ruft sie den andern zu, »ich schaffe es schon!«

Das erste Klingelzeichen.

Indes hat sich das Foyer doch ein wenig belebt. An faltigen Hälsen funkeln Colliers. Man plaudert, ergreift Hände, küßt sich auf geliftete Wangen. Ein Paar, eben eingezogen, fordert herrisch: »Zwei Whisky-Soda!«

»Bedaure, Monsieur, wir nehmen nur Ihren Mantel entgegen«.

»Hä?« Entrüstet fixiert der Greis seine Gattin. Hosendreß, Goldsandaletten, Blondhaarperücke. »Du«, zischt er, »die stehen hier, um Mäntel entgegenzunehmen. Im Juni!«

Da sich dieses Besucherpaar der tonangebenden Gesellschaft zurechnet, ist es deutlich zu laut, doch sei es uns Garderobern fern, die beiden schlechtzumachen. Die Karten, die er aus der Brusttasche seines sportlichen Jacketts hervorschauen läßt, sind an der Kasse erstanden und gehören zur Ersten Kategorie. Vermutlich ein Ehejubiläum. Oder ein runder Geburtstag. Laut schimpfend drehen sie ab, während wir, durch nichts zu erschüttern, weiterhin unsere Garderobenleere verwalten – mit mehr als achthundert Haken und einem Rechen für ebenso viele Schirme, Stöcke, Krücken. Kein Zweifel, heute besteht unsere Tätigkeit im Nichtstun. Heute haben wir nur zu stehen und mit einer gewissen Blasiertheit zu überspielen, daß man uns Garderobern an diesem juniwarmen B-Abend keinen einzigen Mantel oder Gegenstand anvertraut.

Doch! Da taucht einer auf! Ein schwarzer Regenschirm! Weltblattredakteur ist der Herr, also Nicht-Abonnent und auf Freikarte. Er kommt, um die Premierenkritik, die die Kollegin verfaßt hat, die Stückelosigkeit lobend, jedoch »wärmenden Humor« vermissend, an der Sache selbst zu überprüfen. Sein Schirm, ohne den er die Redaktionsstube nie verläßt, ist britisch gerollt, eher ein schwarzer Spieß, damit will er sich Schärfe verleihen, Form, Stil. Die Spitze allerdings, um den Sporn nicht abzunutzen und erst noch das Pflaster der Vaterstadt zu schonen, hat er mit einer Gumminoppe versehen. So darf er sich vom Scheitel bis zum Gummi als Gentleman fühlen, tritt mit strenger Miene vor unseren Tresen und wird es wohl seiner Einzigartigkeit zuschreiben, daß niemand außer ihm unsere Dienste beansprucht. Gewiß, ein Schirm macht noch keinen Regen, schon gar keine Sintflut, aber gerade im Moment, da der Herr Redakteur sein Markenzeichen in eine Blechmünze umtauscht, ertönt das langgezogene Klingelzeichen – auch heute werden die Wasser kommen, auch heute wird die Arche ausfahren.

Sehen Sie, wer da kommt? Erraten: zwei 68er! Jaja, 68er und dennoch Freitag-Abo-B-ler. Beide Gymnasiallehrer (Deutsch und Geschichte sowie Geographie und Religion). Sein Bart, grau und fransig geworden, enthält Tabakkrümel einer Selbstgedrehten, während sie mit einer Wuschelfrisur noch immer gegen den Haarspray der längst begrabenen Mutter protestiert. An ihren Abo-Status werden sich die beiden nie gewöhnen, das ist ihnen anzumerken. Seit Jahrzehnten führen sie einen Guerillakrieg gegen die eigene Bürgerlichkeit und mißtrauen jeder Veranstaltung, so sie nicht die Gesellschaft verbessert, den Kapitalismus verhöhnt, die Dritte Welt beweint. Und doch, das ahnen sie inzwischen, vollzieht sich das Leben am Einzelnen. Verfehlt sich am Einzelnen. Vom gesellschaftlichen Gesamtentwurf in die private Geworfenheit. »Kennst du das Stück?«

»Der Regisseur hat es durch Briefe seiner Tante und Sätze von Heiner Müller ersetzt. Interessant finde ich, daß fast alles hinter einer Leinwand spielt. Man sieht und hört praktisch nichts.«

»Das war doch schon beim letzten Mal so.«

»Aber ohne ökorevolutionären Ansatz«, entgegnet er. »Die Leinwand ist aus Jute und stammt von einem Erntekollektiv aus Nicaragua.«

Sind wir komplett?

Beinah. Herr und Frau Dr. Zwingli-Griesgram fehlen noch. Man munkelt: Millionen. Ererbtes, das klug vermehrt wurde, eine Akkumulation durch Generationen, niemals enteignet, niemals ausgeplündert, die Tresorfächer zum Bersten gefüllt. Und wie sehen sie aus, wie treten sie auf? Er pflegt den Stangenanzug bei Jelmoli zu kaufen, sie ihren Faltenrock im Versandhandel zu bestellen. Bescheiden will man sein, gewöhnlich, sparsam wie das Volk. Die Zwingli-Griesgrams legen Wert darauf, in den hinteren Parkettreihen plaziert zu werden, natürlich möglichst billig, und wie sie erst im letzten Moment an Bord eilen, pflegen sie das Geld für ihr Jahresabo, um dem Schauspielhaus nur ja keine Zinsen zu schenken, mit einer gerade noch tolerierten Verspätung zu überweisen. Aber auf ihren Besuch können wir uns verlassen. Noch nie, nicht einmal bei Schlingensiefs *Hamlet,* haben die Zwingli-Griesgrams geschwänzt. Zum einen fühlen sie sich verpflichtet, mindestens neun Mal im Jahr an einer gesellschaftlichen Übung teilzunehmen, und zum andern möchten sie an Ort und Stelle überprüfen, wie im Schauspielhaus die Steuergelder verschleudert werden. Wieder klingelt es, nervöser jetzt, die Inspizientin Herbst ist am Pult zum Ablegen bereit.

Aber wen haben wir denn da? Wer steht einsam und scheu an den Eingangstüren und blickt vom Reclam-Heftchen immer wieder auf und nach draußen, in das Verkehrsgewühl unter der verschwindenden Sonne? Eine blutjunge Zuschauerin! Ihre Wangen fiebern ein wenig, so daß wir Alten unwillkürlich an ungelenke, sich verheddernde Zärtlichkeiten denken. Scham läßt uns die Lider senken, aber unsere Mundwinkel, um ihr Mut zu machen, deuten nach oben: Rose, sei nicht furchtsam! Gedulde dich noch ein bißchen! Spaziere durch die Intendantengalerie! Oder lehne dich an den Tresen, hinter dem wir väterlich stehen, und versende den Duft deiner Jugend in unsere alten, krummen Nasen! Zwei vor acht. Erste Tropfen fallen. Hat der Liebste seine Schöne vergessen?

Gott sei Dank, endlich kommt er angesaust, trotz des Sommers mit Wollschal, das blasse Gesicht von Pickeln übersät, nimmt die Rose an die Hand und entführt sie über die *Treppe* nach oben.

Die Tropfen fallen dichter. Von draußen riecht es nach nassem Straßenstaub. Die Herbst gibt ein letztes Klingelzeichen. Dreimal kurz. Luken dicht!

Nein! Wartet!

Nennen wir es das moderne Elternpaar. Die Frau dürfte um die fünfzig sein, der Mann um die vierzig. Er wird von ihr Papi genannt und kommt meistens von zu Hause, wo er das Kind in langwierigen Diskussionen an den Babysitter vermittelt hat. Sie, eine Psychologin, scheint gerade einen Kongreß hinter sich zu haben und wuchtet uns einen schlaffschweren Seesack auf den Tresen. Alles an ihr ist voluminös. Schrill-

Treppe: Früher, als ich über die Klostermauer stieg und per Autostopp nach Zürich fuhr, um im Schauspielhaus die Uraufführung von Dürrenmatts *Wiedertäufern* oder Max Frischs *Biografie* zu erleben, kam ich meist in letzter Sekunde, spurtete durch das leere Foyer die Treppe hoch und quetschte mich in der letzten Galeriereihe auf meinen Platz. Schon beim Aufgehen des roten Plüschvorhangs, der einen Geruch nach frischer Farbe und alter Schminke über die Kopfreihen wehte, war es um mich geschehen. Ich erlebte das Wunder der Verwandlung – an mir selbst. Nach dem ersten Theaterbesuch, Hauptmanns *Ratten,* war ich der geborene Schauspieler (Peter Brogles Spitta hatte mich zu Tränen gerührt). Spielten Helmuth Lohner und Attila Hörbiger Nestroy, war ich auf der Stelle ein Wiener aus dem 12. Bezirk. Eine Anfängerin mit einer rauchig zarten Stimme trat auf, Andrea Jonasson, und, mein Gott!, habe ich je wieder so lodernd geliebt? Dann saß ich in der Premiere von Arthur Millers *Der Preis,* einer deutschsprachigen Erstaufführung, und war mir sicher: Das kann ich besser.

bunte Halstücher, Ketten mit Holzperlen, der Hosenanzug sandfarben, der Poncho ein Familienzelt, und seit sie ins Foyer hereingesegelt ist, hört sie nicht auf, mit lauter Stimme den Theaterabend zu thematisieren. »Weißt du, was ich meine?«

Er, immerfort nickend, bedankt sich für die offene Kommunikation. Sie, den Seesack durchstöbernd, findet ein Handy, ruft kurz das Kind an – »Darling, wir sind im Theater!« – und fährt dann fort, von Prozessen auf der Beziehungsebene zu dozieren: kreatives Verknüpfen von Sichtweisen; Selbstorganisation; Spannungsabbau unter dem Primat der Aufgabenorientierung. Und vor allem: Gespür. Gespür für den andern, Gespür für das Kind. Keine Kleingruppe sein, keine Ehezelle, vielmehr ein sich *spürendes,* sich *fühlendes* Team. Die Programmheftverkäuferinnen drücken die Parkettüren zu. »Ein Team«, sagt sie. »Weißt du, was ich meine?«

»Schatz«, flüstert er, »sie möchten anfangen«.

»Denken wir über eine Checkliste nach«, schlägt sie vor. »Setzen wir das Kind an die erste Stelle, das beschissene Abo an die letzte. Weißt du, was ich meine?«

Ohne den Redefluß zu unterbrechen, reißt sie die soeben geschlossene Parkettür auf und stürzt sich wie eine Medea in den bereits dunklen Saal. Er lächelt uns eine Entschuldigung zu, dann huscht er als letzter hinein.

Zwanzig Uhr sieben. Nun regnet es in Strömen, es

prasselt, es tost, es stürmt, und unsere Arche, in morschen Spanten leise knarrend, löst sich vom Grund. Sinnlos ist viel, und nichts ist sinnloser als unser Stehen, unser Harren in den leeren Garderoben, leer bis auf einen Schirm, einen Poncho sowie einen Seesack, worin dauernd das Handy klingelt. Aber, Bürger der Vaterstadt: Schön ist es, aus diesem berechnenden Zürich abzuheben und mit unserer Theaterarche planlos zu schwimmen. Wohin? Warum? Wir wissen es: um auf dem *Gipfel* zu landen, Abend für Abend.

Gipfel: Auf dem Gipfel? Mein bestes Stück, *Der letzte Gast,* ist im Zürcher Schauspielhaus uraufgeführt worden (Regie Achim Benning, mit Gisela Uhlen und Kathrin Brenk). Vom oberen Rang aus sah ich zu, wie das Premierenpublikum zu Beton wurde. Kein müder Lacher, kaum ein Schmunzeln. Kurz vor dem Ende der Vorstellung, als Fredi Frunz, ein Schirmhändler in regenloser Zeit, seine Frau verliert, schlich ich die Foyertreppe hinab, und sämtliche Garderober, die schon zur Pause viele Mäntel sowie einen eng gerollten Regenschirm (mit Gumminoppe!) an demonstrativ gähnende Zuschauer zurückgegeben hatten, blickten entweder in ein Programmheft oder auf ihre Fingernägel. Auch ein vorzeitig das Parkett verlassendes Pärchen sah durch mich hindurch. Wieder erlebte ich die Verwandlung am eigenen Leib. Es gab mich nicht mehr. Was die Treppe herabkam, war das Hausgespenst.

LESEN

Letzthin erstieg ich mit der kleinen Klara den Trümmerberg in einem Berliner Stadtpark. Unten war sie gerannt, jetzt keuchte sie, und der Schweizer in mir sah sich genötigt, der Stadtgöre eine Belehrung zu erteilen – ich erklärte ihr den Bergschritt. Das gemächliche Stapfen. Dem Hang angemessen. Dem Atem angepaßt. Da entgegnete die Zehnjährige, wie aus der Pistole geschossen: »Jetzt weiß ick, wie du redest – im Bergschritt.«

Etwas weiter oben stießen wir auf eine regenverpappte Bild-Zeitung. Neugierig beugte sich Klara über eine Schauerstory, doch wurde sie aus den Stammelsätzen nicht klug. Ich warf einen Blick auf das Blatt und erklärte ihr, worum es ging. »Lesen kannste schnell«, stellte sie fest.

Stimmt. Im Leben bin ich oft etwas langsam. Zu gemächlich. Zu gemütlich. Eine Bergschrittexistenz. Aber als Leser war ich mir stets voraus, und schon in frühen Kinderjahren, kaum hatte ich das Alphabet erlernt, sah ich vom Gipfel meines Bücherberges herab auf die ganze Welt, auf Wüsten Meere Länder, auf Paläste Götter Untergänge, auf Zerstörungen und Zukünfte. Das hat mir in späteren Jahren das Reisen nicht verleidet, im Gegenteil. Gewisse Landschaften, etwa die schädelkahlen Hügel Griechenlands oder eine Stadt wie St. Petersburg, lockten mich an, weil ich sie durch Erhart Kästner oder Dostojewskij bereits kannte. Enttäuscht wurde ich nie. Die Dichter hatten mich in die Schönheiten und Abgründe dieser Orte eingestimmt.

Nur als ich in New York ankam, hatte ich ein schales Gefühl. Die erwartete Sensation wollte sich nicht einstellen, und ich meine den Grund dieser Enttäuschung zu kennen. New York hatte ich nicht als Leser, sondern im Kino kennengelernt. Kein Déjà-lu, ein Déjà-vu-Erlebnis!

Als Marie, die Hauptfigur in meinem Roman *Vierzig Rosen,* von der Bücherverbrennung hört, beginnt sie gierig zu lesen. Sie verschlingt Romane aus der Bibliothek ihrer Mutter, die, an Tuberkulose erkrankt, bestimmte Seiten mit Blutspritzerchen vollgehustet hat. Marie merkt bald, daß die Lungen ihrer Maman stets die »richtigen« Stellen bezeichneten. »Da wurden *billets* abgeschickt, Küsse ausgetauscht, und auf Schloßtreppen oder Bahnhöfen kam es zu erschütternden Abschiedsszenen.«

Wie lernt Marie ihren Max kennen? Indem sie ihm ein *billet* schickt. Es kommt zu einer ersten Begegnung, und dann verabschieden sich Max und Marie aufeinander zu, natürlich an Orten, die die junge Leserin aus ihren Romanen kennt: auf dem Perron, im Park und in einer schäbigen Pension. Lesend hat sich Marie entworfen, und zu ihrem Bedauern gelingt es ihr nur in Ansätzen, die erhabenen (manchmal auch kitschigen) Romangefühle nachzuleben. Hie und da aber schon. Dann schlüpft ihr ein »Kurios!« über die Lippen. Das Wort hat sie aus einem Roman, und vielleicht, wer weiß, benennt es das wundervolle Gefühl, die Lektüre mit dem Leben eingeholt zu haben. Kein Déjà-vu, ein Déjà-lu-Erlebnis!

Verändern Bücher die Welt? Was für eine dumme Frage! Bücher richten sich nie an die Welt, das überlassen sie Predigten, Manifesten, Lehrmitteln, Kommuniqués und Fahrplänen. Wissen Sie, was ich damit sagen möchte? Natürlich wissen Sie's, sonst würden wir nicht miteinander reden – Sie und ich, dieses Buch. Wir führen ein Zwiegespräch, und das könnte Ihre Welt, nur Ihre, tatsächlich ein wenig verändern.

Eines Tages empfahl mir der Berliner Buchhändler Brockmann – er hatte seinen vollgestopften Laden unter der Eisenbrücke vom Bahnhof Zoo – Musils *Mann ohne Eigenschaften.* Der ist gerade dreißig geworden, heißt Ulrich und gibt sich ein »Ulrich-Jahr«, ein Sabbatical, wie man heute sagen würde, um seine Möglichkeiten auszuloten und in der Wirklichkeit anzukommen. Die Lektüre krempelte mich um, ich schenkte mir ein *»Thomas-Jahr«,* und siehe da, an dessen Ende war mein Leben ein an-

»Thomas-Jahr«: Je tiefer ich in den monumentalen Roman eindrang, desto klarer wurde mir: Der Mann, der keine Eigenschaften hat, bin ich. So konnte es nicht weitergehen.

deres, nicht nur verändert, sogar verwandelt, die Ammanns verlegten mein erstes Buch, und Werner Düggelin inszenierte am Zürcher Schauspielhaus *Großvater und Halbbruder.* Ohne Musil hätte ich es nie geschafft. Sein *Mann ohne Eigenschaften* entdeckte meine Möglichkeiten.

Ich kündigte meinen Job am Theater und reiste zu meinem Bruder. Er nahm mich in der Zwischenwelt seines Sterbens auf, und schon bald erwarb ich die Fähigkeit, mit seinen Augen und Ohren mir bisher unbekannte Dämmertöne wahrzunehmen. Siehe *Schreiben.*

Kürzlich war in den Zeitungen zu lesen, jedes dritte Berliner Kind gebe als Berufswunsch »Hartz IV« an. Hartz IV heißt: genug Stütze für Sofa, Aldi-Bier und Glotze. Die Glotze läuft tagaus tagein, und tagaus tagein sitzen die Hartz-IVer mit ihren Kindern davor. Aber die gesendeten Träume fallen in tote Augen, denn beide Generationen, die Alten wie die Jungen, haben vor dem Fernseher das Wünschen verlernt. Ihr Lebensziel ist nicht die Traumwelt der TV-Aschenbrödel, sondern das Hartz-IV-Ambiente, worin sie selbst, die TV-Glotzer, hocken. Keine Möglichkeiten mehr, nur noch Billigbier aus Dosen, saufen, *dösen.*

dösen: Revolution setzt einen Traum voraus, der Klassenkampf ein Bewußtsein für gesellschaftliche Hierarchien. Das hat sich erledigt. Aber wehe, wenn den Dumpfbacken auf ihren Sofas eines Tages das Bier ausgeht. Dann könnte sich der Messerkrieg gegen die Alphabeten, der sich momentan noch auf die Pausenhöfe von Berliner Hauptschulen oder die Flure von Pariser Banlieu-Kasernen beschränkt, auf die Städte ausdehnen.

Klara sieht nicht fern, sie liest, und wie die Hauptfiguren in ihren aufregenden Büchern möchte sie später Seiltänzerin werden oder Sennerin beim Alpöhi. Die Bücher offenbaren ihr die Welt und bringen ihr gleichsam im Vorbeiflug das Schwierigste bei, das Schönste: träumen zu können. Sich rufen, sich locken, sich verführen und verwandeln zu lassen. Manchmal geschieht das auch im Kino, erzählte mir Klara auf dem Trümmerberg. Aber den neuen *Harry Potter* will sie erst dann sehen, wenn sie das Buch gelesen hat. Richtig! Der aus den Buchstaben steigende Phantasieraum ist groß genug, um eine Verfilmung oder die Realität in sich aufzunehmen. Deshalb ist das Déjà-lu nie eine Enttäuschung, sondern eine Bestätigung, das Einholen eines Traums.

Lesen ist Transzendieren. Wenn Sie das Buch öffnen, trägt Sie der fliegende Teppich über Städte und Wüsten und Meere hinweg zu einem geheimnisvollen Palast. Wer Sie dort erwartet? Verraten Sie's niemandem! Es ist Scheherazade, die Schönste der Schönen. Sie liegt im Mondschein auf den Samtkissen und erzählt gerade von einem Teppichpassagier, der aus der blauen Nacht durch das Spitzbogenfenster in ihr Turmgemach hereinschwebt.

Der mehrfache Fueter

Zum ersten Mal fiel es mir bei einer Panne auf. Wir befanden uns mit einem ausgeleierten VW-Bus auf dem Tingeltangel: Kathrin Brenk, Daniel Fueter und ich. Fueter stellte den Motor ab. »Tut mir leid«, sagte er, »wir stecken fest.«

Es war zehn Uhr nachts, und der Schnee klatschte in fetten Flocken an die Frontscheibe. Wir kamen von Hinter-Fraeck, einem Kaff in der Innerschweiz, wo wir in einer Mehrzweckhalle, gebaut für kantonale Turn- und Jodelfeste, vor sieben frierenden Zuschauern aufgetreten waren: die Brenk als Chansonette, Fueter am Klavier, ich als Beleuchter. Am frostigen Klima, hatte ein bärbeißiger Hauswart erklärt, seien wir selber schuld, für leere Stuhlreihen heize er den Saal nicht auf.

Ich wickelte den Schal um den Hals. Kathrin hüstelte. »Wo sind wir?« fragte sie.

»Keine Ahnung«, sagte ich.

Und erschrak: Daniel Fueter hatte sich vervielfacht.

Gewiß, völlig fremd war mir das Phänomen nicht, schließlich war ich nicht nur Beleuchter, sondern auch Schriftsteller und hatte für unser Programm, einen Chansonabend, einen Teil der Liedertexte verfaßt.

Kathrin Brenk war nicht nur Chansonette, sondern auch Schauspielerin, und selbstverständlich war Daniel Fueter nicht nur der Pianist und unser Fahrer – er hatte auch die Musik geschrieben. Es ist eine Binse: Die meisten von uns haben verschiedene Funktionen, Gesichter, Seiten, aber was ich da sah, war eine wirkliche Daniel-Fueter-Vielheit. Ein Daniel Fueter saß am Steuer und fand beruhigende Worte für Kathrin. Ein anderer Daniel Fueter entfernte sich durch den Flockenvorhang zu einem Bauernhaus, wo er sich nach dem Weg erkundigen wollte. Indes hatte der dritte Daniel Fueter einen Ersatzreifen und Werkzeug gefunden und begann, trotz der Kälte im offenen Hemd, den Bus aufzubocken. Seinen Mantel legte ein vierter Daniel Fueter fürsorglich um meine Schultern, und Daniel Fueter fünf, stellte ich bewundernd fest, nutzte die Panne, um die Melodie zu einem Lied zu komponieren.

Fünf Fueter auf einmal? Nein, noch mehr! Daniel Fueter sechs hatte sich die Küchenschürze umgebunden und machte sich im hinteren Teil des VW-Busses an einem Gasherd zu schaffen. Zu Hause, im Nest an der Neptunstraße, hofften zwei hungrige Vögelchen auf ein spätes Abendessen, weshalb dem sechsten Fueter, ihrem Vater, der Zwischenstopp nicht ungelegen kam. Während die anderen Daniel Fueters das Rad wechselten, sich nach dem Weg erkundigten, ein Lied komponierten, Kathrin beruhigten und mich in den Mantel hüllten, konnte Daniel Fueter sechs, indem er sich als Vater,

Erzieher und Koch in eine zusätzliche Vermehrung begab, mit einer sechsarmigen Behendigkeit Zwiebeln hacken, Tomaten schneiden, Kochwasser aufsetzen, die Spaghetti ins Gebrodel eintauchen, eine Büchse öffnen und mit Sardellen, Tomatenmark und Aromat eine wohlriechende Sauce zubereiten. »Wollt ihr mal probieren?«

»Gern«, sagte Daniel Fueter sieben.

Fueter sieben war der Genießer, der Lebemensch, und ich konnte nur staunen, wie gelassen er die Panne hinnahm – schließlich wurde er im *Odeon,* einer Zürcher Nachtbar, von einer Schönen erwartet. Als ich ihn an sein Rendezvous erinnerte, meinte er: »Sie wird sich ein wenig gedulden müssen«, und schlürfte lustvoll die Sauce vom Löffel.

Tatsächlich, diesen Mann gab es in der Mehrzahl, Fueter war ein Kollektiv, und da seine Ausformungen perfekt zusammenspielten, fuhr der reparierte VW-Bus mit einem fertigen Lied und einer fertigen Sauce bald danach wieder an, gelangte erst ins Unterland und dann nach Zürich, an die Neptunstraße, wo Fueter eins den Tisch deckte, Fueter zwei die Waschmaschine füllte, Fueter drei den Anrufbeantworter abhörte, Fueter vier die dringendsten Anrufe erledigte, Fueter fünf am Flügel das neue Lied vorspielte und Fueter sechs seinen beiden Töchtern das Abendessen servierte. Inzwischen war es ein Uhr nachts geworden, und Fueter sieben, der Lebemensch, wartete ungeduldig im Korridor, bis die

Töchter mit Gutenachtküssen verabschiedet waren. Gegen halb zwei schliefen sie ein, Fueter sieben stieß leis einen Pfiff aus, und das Kollektiv stürzte sich treppab in die Nacht.

Immanuel Kant verstand Egoist und Pluralist als Gegensatzpaar, und bei meinem Freund Daniel Fueter stimmt dies auf stupende Weise. Ich kenne keinen, der großzügiger ist als er, und zwar im Geistigen wie im Materiellen, im Verschenken seiner Gaben und Talente, seiner Besitztümer, seiner Freundschaft, seiner Liebe, seiner Kunst. Dieser Mann ist das pure Gegenteil eines Egoisten. Er, der ganz und gar eigenwillig sein kann – das beweist er in verschiedenen Musikformen, die allesamt nach Fueter tönen –, darf mit Fug und Recht ein Pluralist genannt werden. Präziser: seine Leistungen erklären sich allein durch die Mehrzahl der Person. Oder könnte ein einziger so viel besitzen, wie Daniel Fueter verschenkt? Nein, dafür braucht es mehrere, mindestens sieben. Der eine gibt Stunden, der andere präsidiert Sitzungen, der dritte spielt Vorstellungen, und immer wieder tun sich ihrer drei oder vier zusammen, um alle seine Lieben zu lieben, die Mutter, die Töchter, die Brüder, die Freundinnen, die Geliebte, die Kindeskinder, die Musikstudenten, die Klavierschüler sowie die große Schar der Freunde. Wie schafft er das alles? Wer spielt sämtliche *Konzerte,* und wer schreibt all die Quartette, Sonaten, Theatermusiken, die den

Konzerte: Zugegeben, manchmal lädt er sich zuviel auf. Dann wird er müde, müde für sieben, und sinkt, wo immer er

Namen Daniel Fueter auf diversen Plakaten leuchten lassen? Ebenfalls er. Einer der sieben Fueters ist stets am Schreiben. Manchmal schreiben sie auch zu zweit, und in Stoßzeiten, zum Beispiel vor der Premiere eines Chanson-Abends, schreiben alle sieben miteinander. Dann pflegen sie ihre Bleistifte im Dreiminutentakt in die Spitzermaschinen zu stecken, probieren am Klavier die Melodien aus, kritzeln die Notenblätter voll, aber eine zufällig gerade freie Hand nimmt auch jetzt, mitten im siebenfueterigen Schöpfungsrausch, das Handy ab, um sich mit einer wahren Engelsgeduld den Klagen einer Exgeliebten über einen mißlungenen Entenbraten hinzugeben.

Alles an dieser Gruppe ist dynamisch, ist Spiel, Rhythmus, Harmonie. Ja, Harmonie herrscht zwischen den sieben Fueters, locker ergeben sie ein Ganzes, weshalb der Einklang, in dem sie leben, auch ihre Mitwelt versöhnlich stimmt – beispielsweise ein Paar, das, im Pannen-VW-Bus frierend, sich gegenseitig für die Kälte des Universums verantwortlich macht.

Die Philosophie nennt es eine *coincidentia oppositorum,*

sich befindet, und sei es im Frack am Flügel eines Konzertsaals, in einen tiefen Schlaf. Die Diva, schon etwas älter, hatte sich zwischen den Liedern (Hugo Wolf) ziemlich viel Zeit gelassen – zuviel Zeit. Vor dem letzten Lied wartete sie vergeblich auf den Einsatz. Der Kopf des Pianisten war nach vorn gesunken, auf die gestärkte Hemdbrust. Das darf doch nicht wahr sein, dachte die Diva. Und räusperte sich. Räusperte sich ein zweites, räusperte sich ein drittes Mal. In den ersten Reihen wurden sie unruhig, weiter hinten lachten sie, schließlich brandete Applaus auf, und Fueter, nach dem Erwachen sekundenlang in den vollen Saal starrend, war überzeugt, einen Alptraum zu träumen. Nein, das war kein Traum – er hatte es geschafft, mitten im eigenen Konzert ein Nickerchen zu machen.

eine Versöhnung von Gegensätzen, und so versteht es sich beinah von selbst, daß das Kollektiv Daniel Fueter ein großartiger Komponist ist. Seine Musik lebt von Spannungen, oft von schrillen Dissonanzen, und trotzdem spürt man, daß sie nach mathematischen Gesetzen entwickelt wurde. Im Schrillen verbirgt sich das Maß, sein Chaos ist geordnet, und zu dieser Ordnung gehört, daß das Fähnlein der sieben Fueters einer Gewohnheit aus Bohème-Tagen bis zum heutigen Tag treu geblieben ist...

Still! Sehen Sie? Dort kommen sie schon. Daniel Fueter, der Lebemensch, weist den Weg, indes Daniel Fueter, der Dirigent, dirigiert. Ein Chorlied singen sie, von ihnen selbst komponiert. Zwei Nachtschwärmer bleiben stehen, lauschen ergriffen dem Gesang. Was für eine Musik, werden sie denken, spannend, in sich zerrissen, trotzdem schön, beinahe harmonisch. Kurz vor zwei, also gerade noch rechtzeitig, erreichen die sieben Sänger das Odeon, wo Heidi, die Bartenderin, ein Tablett mit sieben gezapften Bieren bereithält. Das Kollektiv bedankt sich, stützt die Gläser an, trinkt ex. Dann bestellt es die nächste Runde, setzt ein charmantes Lächeln auf und läßt seine Blicke über die Nischen schweifen. Man darf es getrost ein Wunder nennen. Keine der sieben Schönen hat vergeblich auf ihren Einzigen gewartet.

Lehrjahre in Platons Höhle

Eine *Hochschule* erforscht und lehrt die Wissenschaften. Jede Wissenschaft erklärt, das heißt, sie versucht ihren Gegenstand mit methodischer Strenge zu erfassen. Am liebsten sind der Wissenschaft Ketten fortlaufender Ursachen und Wirkungen, denn diese Ketten bestehen aus lauter Ergebnissen, die die Richtigkeit des Ganzen bestätigen sollen – des Ganzen der Kette. Und die Kunst? Sie will Ketten sprengen. Sie will Kausalitäten überwinden. Gleichheitszeichen sind ihr verhaßt; wer vergleicht, macht gleich, und Kunst, jede Kunst, will anders sein. Die Wissenschaft ist dem Ideal der Objektivität verpflichtet, die Kunst der Subjektivität. Wie die Wissenschaft in exakten Gleichungen das Eindeutige anstrebt, geht die Kunst in einzigartigen Schöpfungen auf das Mehr-

Hochschule: Einer der sieben Fueters (siehe *Der mehrfache Fueter*) hatte an der Gründung und Entwicklung der Zürcher Hochschule der Künste entscheidenden Anteil. Nun sollte das fertige Werk feierlich eingeweiht werden, und bei einem Besäufnis, das mir den Siebenfachen und dessen Freundinnen zu einem gemischten Chor erweitert hat, wurde ich zum Festredner ernannt. Als ich den Auftrag anderntags zurückgeben wollte, stieß ich auf verschlossene Türen. Sämtliche sieben Fueters befanden sich in wichtigen Sitzungen. Was tun? Der Doktor fiel mir ein, mein verehrter Lehrer (siehe *L'esprit de l'escalier*), und dessen Begeisterung für Treppen. Also griff ich zu Platons *Politeia* und stieß in der berühmten Höhle auf jenen geheimnisvollen Schacht, der mich dem Thema näherbrachte. In der Schneiderei des Schauspielhauses, wo sich ein alter Schneider noch an mich erinnern konnte, borgte ich mir einen dunklen Anzug, und als der große Tag gekommen war, erklomm ich vor der versammelten Bürgerschaft der Stadt Zürich die Bühne der Tonhalle und gab den Festredner.

deutige aus. »Pardauz!« würde Donald Duck an dieser Stelle sagen, »mit der Gründung der Zürcher Hochschule der Künste haben wir einen gewaltigen Widerspruch installiert.«

Die erste Kunsthochschule wurde von Platon gegründet, und wollen wir wissen, wie es dort zuging, lesen wir am besten das Höhlengleichnis. Die Schulhöhle liegt im Innern der Erde. Am Anfang ihres Lehrens und Lernens sind die Lehrer und Schüler gefesselt, und zwar so, daß sie nur auf die dem Eingang gegenüberliegende Höhlenwand starren können. Hinter ihnen, unmittelbar neben dem Eingang, brennt ein Feuer. Vor diesem Feuer wandeln Gestalten auf und ab, einige mit Tonkrügen, andere mit Standbildern in den Armen, und da die Lichtquelle, einem Projektor gleich, die Schatten dieser Figuren an die Wand wirft, haben die gefesselten Lehrer und Schüler ein interessantes Spiel vor Augen. Ein Spiel? Für die Gefesselten, läßt Platon Sokrates erläutern, ist es die Wirklichkeit. Ihnen, die weder die Öffnung noch das Feuer noch die wandelnden Figuren, sondern nur deren Abbilder sehen können, erscheinen sie als das wahre Sein. Sie glauben, daß die Wand lebendig ist, daß dort, vor ihren Augen, Menschen aus Fleisch und Blut echte Amphoren vorübertragen. Sokrates verhehlt den Grund dieser Täuschung nicht. Es ist die Erstarrung, die Fessel, die Kette – und spätestens an dieser Stelle wird das

Höhlengleichnis zu einem Plädoyer für ein »Herumdrehen des Halses«, für einen Gang zum Feuer, ja für einen »unwegsamen und steilen Aufstieg«, der über eine Treppe aus der Höhle hinausführt.

Lehrer und Schüler, meint Platon, sind in der Höhle zwar geborgen, aber die Geborgenheit hat ihren Preis. Alle sind ins Dunkel gesperrt, und das Licht, das sie vor sich haben, ist nur Schein. Gewiß, Schein kann schön sein, ein phantastisches Schattenspiel, ein bezauberndes Wandspektakel. Aber unmißverständlich macht Platon klar, daß die, die da lehren und lernen, die Wirklichkeit nicht vor Augen, sondern im Nacken haben. Das Feuer brennt hinter ihnen, die Sonne leuchtet draußen, und so haben die Gefesselten den Widerspruch zu akzeptieren, daß sie als Lehrer und Schüler in Sachen Kunst ein Scheinleben leben. Unentwegt malen und tanzen sie, gestalten, fotografieren, drehen Filme, spielen Theater, führen Regie, und es ist durchaus möglich, daß sie intensiver proben als die Profis, daß sie besser singen, verrückter tanzen, wilder malen, aber ihr Schweiß, so heftig er fließt, ist nicht echt. Sie *sind* noch keine Künstler, sie *werden* es erst. Natürlich vergessen sie dies, und sie müssen es vergessen, denn nur dann, wenn sie in der Täuschung ganz und gar aufgehen, kann ihnen die *Ent*-Täuschung gelingen, nur dann entsteht jene Not, deren Durchleben bereits die Wende bringt: die Sprengung der Ketten, den Gang zum Feuer, den Aufbruch zum Licht.

Damit bin ich bei einem zweiten Widerspruch, den Platon, der Urgründungsrektor der Kunsthochschule, Sokrates darlegen läßt. Im Moment, da die Not die Wende bringt, da sich der Gefesselte aus dem Scheinleben losreißt, befreit er sich zwar, doch führt ihn die Befreiung auf einen schmerzlichen Parcours. Nach jahrelanger Erstarrung in unendlichen Repetitionen kostet den Kettensprenger schon das Halsdrehen und Aufstehen unendlich viel Kraft. Das Feuer blendet ihn. Ah, und die *Treppe!* Wie schrecklich steil sie ist! Da soll ich hinauf? »Bei den Göttern!« ruft er, »wenn dies der einzige Weg zur Kunst ist, kann sie mir gestohlen bleiben.«

Treppe: Achtung! Dies ist die Urtreppe. Sie verbindet die Unter- mit der Oberwelt und führt vom Dunkel durch die Dämmernis ins Licht: vom Schein zum Sein. (Näheres dazu am Ausgang des Büchleins, in: *L'esprit de l'escalier.*)

Wie entscheidest du dich?

Du hast zwei Möglichkeiten.

Die erste: Du nimmst wieder im Scheinleben Platz, in der alten, dir vertrauten Umgebung. Das Feuer wird dich nicht verbrennen, es gibt dir höchstens ein wenig Wärme, und was du für die Realität ansiehst, das Schattenspiel, kommt dir niemals zu nah.

Die zweite: Du nimmst die Treppe. Du gehst deinen Weg. Du versuchst die Höhle zu verlassen und durch einen gefährlich steilen Schacht nach oben zu gelangen, ins Freie. Ob dir der Aufstieg gelingt? Ob du je die Ebene des wahren Seins erreichst?

Steigen oder nicht steigen, das ist die Frage.

Es war Anfang der achtziger Jahre im letzten Jahrhundert. Ute kam im späten Nachmittag und teilte mir mit, zwischen uns sei es aus. Um Zeit zu gewinnen, floh ich in die Küche und kochte Kaffee. Als ich zurückkehrte, stand Ute an meinem Pult und las einen Text, den ich mit der Schreibmaschine getippt hatte. Was Ute nicht wußte: Der Text stammte von Gottfried Keller. Beim Lesen einer bestimmten Stelle des *Grünen Heinrich* waren mir die Tränen gekommen. Warum? Das wollte ich unbedingt herausfinden, und da mir die Literaturwissenschaft nicht helfen konnte, ging ich vor wie die Kunststudenten, die ihre Staffeleien ins Museum stellen, um beim Kopieren berühmter Gemälde die Tricks der Meister zu erwerben. In der Nacht vor Utes Besuch hatte ich Kellers Wunderstelle Seite für Seite abgetippt, Satz für Satz, Wort für Wort, und es waren diese Blätter, die die schöne Schattenfigur im spätsommerlichen Nachmittagslicht in ihren Händen hielt. Ich goß den Kaffee ein. Nichts geschah. Ute las. Als sie sich schließlich umwandte, flossen Tränen über ihre Wangen.

Ute: Der Engel aus dem Berliner *Litfin* (siehe *Schreiben*).

Stelle: Aus dem 7. Kapitel im dritten Band: »Annas Tod und Begräbnis«. Am Haupt von Annas Sarg möchte der Schreiner eine Glasscheibe einfügen; der grüne Heinrich soll sie ihm besorgen. »Ich wußte schon«, erzählt Keller, »daß auf einem Schranke ein alter kleiner Rahmen lag, aus welchem das Bild lange verschwunden.« Nachdem er das Glas dem Rahmen entnommen und im Bach gewaschen hat, hält er es gegen die Sonne und erblickt darin »das lieblichste Wunder«, das er je gesehen: drei musizierende Engelknaben. Zuerst glaubt Heinrich an ein Spiel seiner Phantasie, aber dann wird ihm klar, »daß Kupferstiche und Zeichnungen, welche lange Jahre hinter einem Glase ungestört liegen, gleichsam ihr Spiegelbild in demselben zurücklassen.« Am Tag des Begräbnisses tragen vier Jünglinge den Sarg über den Berg. Auf der sonnigen Höhe machen sie halt. »Es war so schön hier oben!« geht die Erzählung weiter. »Hoch am blauen Himmel zogen leuchtende Wolken und schienen über dem Blumensarge einen Augenblick stillzustehen und neugierig durch das Fensterchen zu gucken, welches fast schalkhaft zwischen den Myrten und Rosen hervorfunkelte im Widerscheine der Wolken. Wenn Anna jetzt die Augen hätte aufschlagen können, so würde sie ohne Zweifel die Engel gesehen und geglaubt haben, daß sie hoch am Himmel schwebten. (...) Der letzte Sonnenstrahl leuchtete nun durch die Glasscheibe in das bleiche Gesicht, das darunter lag; das Gefühl, das ich jetzt empfand, war so seltsam, daß ich es nicht anders als mit dem fremden und kalten Worte ›objektiv‹ benennen kann, welches die Gelehrsamkeit erfunden hat. Ich glaube, die Glasscheibe tat es mir an, daß ich das Gut, was sie verschloß, gleich einem hinter Glas und Rahmen gebrachten Teil meiner Erfahrung, meines Lebens, in gehobener und feierlicher Stimmung, aber in vollkommener Ruhe

»Du bist zwar ein Riesenarschloch«, sagte sie, »aber schreiben kannst du.«

Der grüne Heinrich war jahrelang auf Wanderschaft. Künstler will er werden, Maler, doch mißglückt ihm dies auf grandiose Weise – er wird Schriftsteller. Heinrichs gerade Pfade sind krumm, die krummen gerade, und es gehört zum Besten von Kellers Bildungsroman, wie sich der heimkehrende Heinrich in den Kapiteln »Heimatträume« und »Weiterträumen« der Vaterstadt annähert, ohne sie je zu erreichen.

In einem dieser Träume purzelt er eine steile Treppe hinab, auf eine Brücke zu. Der Heimkehrer staunt. Die Brücke ist nicht mehr aus Holz, wie bei seiner Ausfahrt, sondern empfängt ihn mit prächtigen Säulenhallen. Deren Wände sind mit Malereien bedeckt, doch treten die Figuren »aus den Bildern heraus und wirken unter den Lebendigen mit«. Wirklichkeit und Kunst: in Kellers Heimathalle sind sie »nur *ein* Ding«, alles ist im Übergang, alles ist im Strömen, im Fließen, selbst die Brücke, die sich vom Fluß, den sie überquert, kaum noch unterscheidet, trägt auf flüssigen Planken ein dozierendes Pferd, dem die Lösung sämtlicher Widersprüche »im Munde herumläuft«.

Fragt sich nur, was es uns sagen könnte, das dozierende Pferd, und wohin sie fließt, diese Brücke – etwa zu jener Seinsebene, die der Treppensteiger in Platons Höhle erreichen wollte? Zwar wäre er dort endlich ins Licht getreten, gibt Sokrates zu bedenken, aber das Sonnengestirn blende und schmerze so sehr, daß man es am liebsten in der Nacht betrachten würde.

In der Kunst, in jeder Kunst, ist das Machen das einfachste. Jeder kann Zeichen, Töne oder sich selbst produzieren. Aber wie kommt, um ein Beispiel zu nehmen, eine Fotografie zu ihrer Aura? Walter Benjamin hat diesen Begriff der Theologie entnommen. Eine Aura, so Benjamin, haben Heilige. Ein Gnadenstrahl stellt die Erwählten ins Licht. Wir verstehen: Dergleichen ist nicht zu produzieren, nur zu erwarten; nicht zu erzwingen, nur zu empfangen. Fällt der Gnadenstrahl auf das Foto, ist es Kunst; fällt er nicht, ist es Gewerbe.

Kann eine Hochschule der Künste ihren Studenten helfen, den Gnadenstrahl zu erwischen? Ja, wenn Lehrende und Lernende den Mut haben, sich in den Zwie-

begraben sah; noch heute weiß ich nicht, war es Stärke oder Schwäche, daß ich dies tragische und feierliche Ereignis viel eher genoß als erduldete und mich beinahe des nun ernst werdenden Wechsels des Lebens freute. Der Schieber wurde zugemacht; der Totengräber und sein Gehilfe stiegen herauf, und bald war der braune Hügel aufgebaut.«

spalt von Wissenschaft und Kunst zu begeben. Das heißt, sie haben Kausalketten zu schmieden – und sollten dabei die Lust entwickeln, sie zu zerreißen. Ein guter Schüler muß sich fesseln und befreien lassen. Er muß sich in der Geborgenheit der Lehrhöhle das nötige Können aneignen, und steigt er schließlich auf, darf er nicht verzweifeln, wenn ihm das Gelernte aus den Händen geschlagen wird. Sicher ist: Der Schüler entscheidet selbst, ob ihm die Schule nützlich ist. Sicher ist auch: Über den Gnadenstrahl können wir nicht verfügen. Gnade ist eine Sonne in der Nacht.

Traumkugel und Kugeltraum

Zug, das Schweizer Städtchen, aus dem ich stamme, ist im Gang der Geschichte dreimal durch Klugheit aufgefallen. Im Mittelalter öffnete es der erstarkenden Eidgenossenschaft die Tore, in der Neuzeit senkte es den Steuerfuß, und 1983 machte Zug einen deutschen Fußballspieler zum Trainer seines Clubs: Ottmar Hitzfeld. Mit Hitzfeld, dessen Qualitäten ich lange vor anderen erkannt habe, wechselte ich die Städte, und als wir mit Borussia Dortmund zum ersten Mal Meister wurden, saß ich vor dem Fernseher, schluchzend wie ein Kind. Da betrat meine Frau das Zimmer. So hatte sie mich noch nie gesehen. »Was ist denn mit dir los!« stieß sie hervor. Fußball. Der Fußball hatte es geschafft. Ich war ihr zum Rätsel geworden.

Erste Halbzeit: Der Ball und die Zeit

Für Platon war alles rund: die Sphäre, die Seele, der Globus. Auch der Mensch, glaubte der erste Ballphilosoph, sei ursprünglich eine Kugel gewesen, eine runde Einheit. Dieser Ball wurde verspielt – die Urkugel zerfiel in zwei Hälften. Die eine hockt heutzutage vor dem Fernseher, indes die andere, die bessere, die Arme in die Hüften stemmt und über die Tränen des männlichen Halbwesens den Kopf schüttelt. Sie hat ja recht, gewiß, aber ließe sie sich ein einziges Mal auf dem Sofa nieder, um gemeinsam mit mir zwei Halbzeiten zu durchleiden, würde sie merken, daß sich im Fußballspiel ein ungeheuerliches Geschehen zur Darstellung bringt: das Trauma der Spaltung und der Traum von der Rückkehr in die Urkugel.

Das Spielfeld mit den zwei Hälften stellt die Trennung dar, unsere Vertreibung in den Kampf. Zwei Mannschaften rennen gegeneinander an, allerdings kämpfen sie um den Ball, also um eine Gestalt, die, wie Platon sagt, »weder Anfang noch Mitte noch Ende hat« und auf ihrer Haut die Idee der Unsterblichkeit, der überwundenen Trennung, zu träumen vermag. Wer Ball spielt, erhebt seine Seele in die Sphären. Er möchte sich zurückschießen in seine runden Anfänge, ins All und in den Bauch.

Ein Spiel dauert neunzig Minuten, also in etwa so lang wie ein Pontifikalamt oder ein klassischer Hollywoodwestern, und wer je mit seinem Club lebte, litt und unterging, der weiß, daß der Blick mit wachsender Spieldauer immer häufiger nach oben geht, zur Stadionuhr, die über den Köpfen die Zeit anzeigt. Der einen Mannschaft fliegt sie zu, der andern läuft sie davon. Zu den einen ist sie »allbarmherzig«, wie der Dichter sagt, zu den andern grausam. »Erst hatten wir kein Glück«, hat der Fußballspieler Jürgen Wegmann gesagt, »dann kam noch Pech hinzu.«

Also könnte man meinen, auch die Uhr unterstehe dem agonalen Prinzip, dem Kampf zweier Gegner um den Sieg. Aber das täuscht. Im Grunde genommen gibt es unter der Macht der Zeit nur Verlierer. Die Männchen in den bunten Kurzhosen erfahren auf dem Platz ihre Sterblichkeit. Nach neunzig Minuten und einer geringen, vom Schiedsrichter gespendeten Nachspielzeit ist alles vorbei: Aus! Aus! Aus!

Der Fußball fasziniert, weil in diesem scheinbar so einfachen Spiel die höheren Mächte präsent sind. Die runde Uhr, die früher an den Kirchtürmen hing, steht heute über den Stadien und demonstriert durch ihre Beschränkung auf zwei Mal 45 Minuten, was der Verlust der ursprünglichen Einheit bedeutet: den Absturz in die Zeit, in die Vergänglichkeit.

Natürlich zeigen das die meisten Spiele. Kinder wollen auf einem Bein in den Himmel hüpfen, der weiße König will den schwarzen schlagen, und würfeln wir eine Sechs, rücken wir dem Sieg entgegen. Dem Sieg? Dem Ende. Wir spielen, um das *rien-ne-va-plus* zu hören, unsere Sterblichkeit wollen wir erleben, immer wieder, auch im Stadion, auch beim Kicken, doch anders als im Schach, da das Brett unerbittlich leerer wird, enthält der Ball eine tröstliche Botschaft. Er erinnert uns daran, daß wir aus der Sphäre kommen, aus der Unsterblichkeit. Er sagt uns – und führt es an den Spielern auf heitere Weise vor –, daß wir *gefallene Engel* sind.

gefallene Engel: Eigentlich wäre das Fußballfeld ein recht angenehmer Landeplatz: grün der Rasen, der Boden weich, das Regelsystem gerecht – aber das ist leider eine Täuschung, denn der Stellvertreter der höheren Macht auf dem Platz, der Mann mit der Pfeife, ist unter dem priesterlich schwarzen Gewand ein Mensch, und was für ein Mensch, ein hundsgewöhnlicher, ein hundsgemeiner Mensch! Trotzdem bin ich gegen eine Oberaufsicht durch die Kamera. Zum einen: Die Unwägbarkeit gehört zum Spiel, zu jedem Spiel. Zum andern: Ist es nicht angenehmer, wenn die Machtdemonstration der Götter durch den schwarzen Mann und nicht via Bildschirm erfolgt?

Die Zeit kann nicht besiegt werden, natürlich nicht, aber hält sie es, worum ich jedesmal flehe bange zittere, mit den Meinen, kann es geschehen, daß ich für einen Augenblick außer mich gerate, daß ich ganz und gar in der Gegenwart bin, ohne Vergangenheit, ohne Zukunft, nur im Jetzt, also in der ursprünglichen Einheit, in der Ewigkeit. Dann wölbt sich über meinem Sofa, wo ich wie ein Hartz-IVer meine Bierdose halte, der Götterhimmel, und die harmonisch runde Sphäre nimmt meine Seele in sich auf: Tor! Tor! Tor!

Indem wir spielen, meint Platon, setzen wir uns in ein Verhältnis zu den Göttern. Wir erleben, wie Ballspieler zu Spielbällen degradiert werden; erleben, wie der Mann mit der Pfeife seine vermeintliche Selbstherrlichkeit austobt (es ist die Selbstherrlichkeit der höheren Mächte) und wie sich, wenn wir auf der Seite der Sieger sind, in einer unerwartet ins Netz sausenden Traumkugel der uralte Kugeltraum erfüllt: die Aufhebung der Zeit, die Rückkehr in die anfangs- und endlose Sphäre, geballte Gegenwart, Ewigkeit.

Nur: Gegen die Laune der Götter wird auch im Handball oder im Eishockey gespielt, und so stellt sich dringlich die Frage, warum der Fußball bei einer EM oder WM die Schlagzeilen der Welt beherrscht, während es andere Sportarten, die mit ihrem Kampfgeschehen ebenfalls in die Vertikale verweisen, kaum in die Nachrichten bringen. Die Antwort muß sich im Fuß verstecken – von ihm soll die zweite Halbzeit handeln.

Pause

André Heller und Jochen Hieber haben mir den ehrenvollen Auftrag erteilt, zur Eröffnung des Kulturprogramms der WM in Deutschland eine Rede zu halten. Weiß Gott, ein solches Publikum werde ich nie mehr haben! *Joseph Blatter, der Welt-Präsident, und Franz Beckenbauer* saßen in der ersten Reihe, hinter ihnen die Granden der deutschen Politik, angeführt von Schröder (Kanzler), Schily (Innenminister), Thierse (Bundestagspräsident) und einer Oppositionsführerin, die die ganze Zeit mit ihrem Handy gespielt hat. Da die Feierstunde unmittelbar neben dem deutschen Reichstag stattfand, im Paul-Loebe-Haus, sah ich mich in

Joseph Blatter, der Welt-Präsident, und Franz Beckenbauer: Sie werden es nicht glauben, aber so war es: Nach meiner Rede trat der Kaiser auf mich zu und stellte sich vor. »Beckenbauer«, sagte Beckenbauer. Dann plauderten wir miteinander über die Anfänge der großen Trainerkarriere von Ottmar Hitzfeld beim SC Zug. Können Sie den Höhepunkt Ihres bürgerlichen Heldenlebens exakt benennen? Ich kann es. Denn nun gab mir auch der Präsident Blatter die

Hand und fügte sich locker in das fachmännische Gespräch über Hitzfeld ein. Währenddessen dienerten TV-Bedienstete um die beiden Herren herum und verkabelten sie. Punkt zwanzig Uhr, also in vier Minuten, sollten sie in einer Live-Übertragung durch 135 Kanäle zum Erdkreis sprechen. Mir wurde klar: Hürlimann, du stehst vor der Weltseele! Die begab sich nun vor die Kameras und fand erst noch Zeit, deutschen Ministern, die mit gezückten Stiften aus dem Spalier drängten und wie Knaben »Franz!«, »Joseph!« riefen, ein Autogramm zu geben.

der Mitte meiner Ausführungen genötigt, kurz zu erklären, weshalb ausgerechnet ich, der Bürger aus dem dreimalklugen Zug, im Anstoßkreis der deutschen Macht über Fußball sprechen dürfe. Die Erklärung, rief ich der handyspielenden Oppositionsführerin und den hinteren, reihenweise schlafenden Fifa-Funktionären zu, finde sich in meinem Spielerpaß, respektive in meiner Fußballbiographie.

Während meines Studiums in Westberlin habe ich zu einer Kreuzberger Thekenmannschaft gehört. Zurückgekehrt in die Schweiz, in die Nähe von Einsiedeln, fragte ich beim örtlichen Fußballclub an, ob man mich bei den Senioren aufnehmen würde. Vor dem ersten Training wurde ich zum Aktuar bestellt. »Wo hast du vorher gespielt?« – »In Berlin«, antwortete ich. Er wollte es genauer wissen, und ich erklärte wahrheitsgetreu, meistens hätten wir unsere Matches im Tiergarten ausgetragen, vor dem Reichstag. »Aha«, machte der Aktuar, und so steht im Spielerpaß, den mir der Schweizer Fußballbund ausgestellt hat: »Hürlimann Thomas, FC Einsiedeln, Veteranen II; vormaliger Verein: FC Reichstag, Berlin, Deutschland.«

Mühsam, sagt Herder, lernte der Mensch den aufrechten Gang. Als er auf zwei Füßen stand, war er zum *homo erectus* geworden, der sich die Welt unter die Nägel reißen wollte, unter die Zehennägel. Der Zweifüßler verstand sich als Herr der Welt. Seine Füße schritten die vier Himmelsrichtungen aus, woran die Eckfahnen auf dem Spielfeld noch heute erinnern. Die Flaggen signalisieren: Der *homo erectus* war zwar auf Eroberung aus, doch hielt er sich an klar definierte Grenzen. Dazu hatte er allen Grund. Wilde Tiere und hereinbrechende Feinde machten ihm seinen Besitz immer wieder streitig, und er tat gut daran, sich auf ein bestimmtes Revier zu beschränken. Hier kannte er die Fährten der Tiere und merkte sofort, wenn ihm ein Eindringling die Beute wegschnappen wollte. So ließe sich das Fußballspiel als Darstellung früherer Jagden deuten. Die Mannschaft ist ein solidarisches Kollektiv, das seinen Platz beherrschen und einem andern Kollektiv die Beute abjagen will. Klar, das verlangt von der Jagdgemeinschaft individuelle Schritte, spontane Züge, kreative Bewegungen, denn tückisch ist das Wild, gefährlich und schnell, rasend schnell. »Der

homo erectus: Herder denkt von unten her – der Mensch löst sich vom Tier und tritt den Gang nach oben an, zu den Göttern. Woher weiß er denn, würde Platon fragen, daß es diese Götter gibt? Wer gab ihm die Richtung vor? Aber so verschieden die beiden Menschenbilder sein mögen, das Entscheidende haben *homo erectus* und gefallener Engel gemeinsam: Sie kommen aus einer anderen Welt, können ihre Herkunft nicht vergessen und tragen die Sehnsucht in sich, auf eine höhere Stufe zu gelangen.

Ball«, hat Sepp Herberger Jahrtausende später gemeint, »hat die beste Kondition.«

Allerdings bildet das Spielfeld nicht nur alte Jagd- und Revierplätze ab. Als sich der Mensch auf die Füße stellte, gelangte er auf eine höhere Stufe. Das Tierische lag nun wie ein Abgrund hinter und unter ihm, er hatte sich zu einem aufrechten Wesen entwickelt, zu einem Himmelsgucker, weshalb ihn bald die Frage umtrieb, ob dem dunklen Unten ein helles Oben entspreche. Seither fühlte sich der Erigierte ein wenig *heimatlos.* Zwischen den Tieren und den Göttern hatte er sich eine eigene Etage geschaffen, eine Zwischenetage. Auf ihr haben sich die frühen Gesellschaften regelmäßig versammelt und versuchten, ihren Zwitterboden mit blutigen Feiern zu festigen.

heimatlos: Ach, da ist sie ja wieder, die gute alte Treppe! Vom Dunklen führt sie ins Helle, vom Tierreich zu den Göttern. Unten kriechen wir auf allen vieren, oben tanzen wir auf Zehenspitzen.

Bei vielen Völkern, etwa den Azteken oder den Chinesen, prägten diese Feiern eine Vorform des Fußballs aus. Das Spielfeld stellt die menschliche Zwischenwelt dar, worauf der *homo erectus,* nun in den *homo ludens* verwandelt, seine Tänze tanzt. Sie sollten beides zeigen: das Tierische, das er fürchtet, weil er es überwunden hat, und das Göttliche, das er fürchtet, weil er es nie erreichen wird. Um das Göttliche darzustellen, erfanden sie den Ball. Für die Chinesen war er ein Symbol des Mondes, für die Azteken ein Symbol der Sonne, und wer jemals in einem Stadion saß, kann sich lebhaft vorstellen, wie die Masse der Gläubigen, die das Kultfeld jener Vorzeit umrandete, in ein Jubelgeschrei ausbrach, wenn einer aus der Horde das Gestirnsymbol mit Wucht und Fußspitzengefühl in die richtigen Flugbahnen trat. Weshalb mit dem Fuß? Der denkende Kopf und die betenden Hände hatten sich von der Tierwelt gelöst, der Fuß noch nicht – das verrät uns der Huf des Teufels. Also mußte bei den großen Festen bewiesen werden, daß *alles* am Menschen, auch sein Fuß, in die Sphäre des Göttlichen vordringen kann: Tor! Tor! Tor!

Ehrlicherweise müssen wir gestehen, daß der europäische Fußball eine andere Genesis hat. Auf dampfenden Schlachtfeldern bolzten unsere Ahnen mit den Schädeln ihrer gemetzelten Feinde. Damit wird klar, warum die Europäer in der Regel roher spielen als asiatische, afrikanische, mittel- oder südamerikanische Mannschaften. Die kommen vom Tanz her, wir vom Schlachtfeld und aus der Hygiene. Weil sich ursprünglich keiner an den blutigen Schädeln die Hände schmutzig machen wollte, nahm man die Füße zu Hilfe – wir Europäer treten kein Gestirnsymbol, sondern versuchen einen abgehackten Schädel im Massengrab zu versenken: Tor! Tor! Tor!

Natürlich hat sich der Fußball von seinen Anfängen gelöst. Auch ein europäisches Feld ist heute unblutig grün, und nicht einmal der metaphernbesoffenste Reporter schildert einen Schuß, der perfekt im Tor landet, als untergehende Sonne. Aber die Ursprünge belegen, daß Platon mit seiner Ballidee eine runde Denkleistung gelang: Der Zusammenhang von All und Ball war von Anfang an gegeben. Im Fußballspiel erfährt das Zwischenwesen, ob es sich nun von der Ewigkeit oder von der Tierwelt abgetrennt hat, ob es ein *homo erectus* oder ein gefallener Engel ist, wo es steht, wovon es träumt. Auf einem geteilten Feld tanzt es über dem Abgrund; zwischen den vier Eckflaggen kämpft es um sein Revier und versucht dabei eine Lederkugel zu kontrollieren, die mal ein fliehendes Tier symbolisiert, mal einen abgehackten Schädel, die Sonne, den Mond oder gar die ursprüngliche Einheit des Menschen.

Was macht den Fußball so faszinierend? Mit den Traumkugeln beschwören wir gespaltenen Zwischenwesen den uralten Kugeltraum.

Nachspielzeit

Der Schiedsrichter blickt auf die Uhr, die Nachspielzeit läuft. Auf Schalke feiern sie bereits den Meistertitel. Da ich mit Hitzfeld von den Dortmundern zu den Bayern übergelaufen bin, verkrieche ich mich todtraurig in den Ikeakissen auf dem Sofa. Ein Tor, nur ein einziges, fehlt uns zum großen Sieg. Wieder geht die Tür auf: meine Frau. Sie lächelt, ich leide. Da gibt der Schiedsrichter den Bayern einen Freistoß, äußerst zweifelhaft, zugegeben, doch liegt es in seinem Ermessen. Ich wage kaum zu atmen. Kahn stürmt aus seinem Tor, will sich den Ball greifen, Effenberg schubst ihn weg, dieser Wahnsinnige!, Anderson hat für Bayern noch nie ein Tor erzielt, aber Effenberg schiebt den Ball zu Anderson, Anderson schießt, er ist drin. Er ist drin! Bayern, Hitzfeld und ich sind Meister, ich tanze, ich schreie. Meine Frau schließt das Fenster, kopfschüttelnd wie stets, wenn ich außer mir bin, aber ich wage es zu prophezeien: Eines Tages wird *Kathrin* neben mir sitzen, wird auf die Glotze starren, wird die rennenden bunten Männchen sehen und den Schwarzen Mann mit der Pfeife – und plötzlich wird sie gepackt sein. Wie ich. Wie die Welt. Sepp Herberger: »Ich war ein Besessener. Einer, der auf die letzte Erkenntnis aus war.«

Die letzte Erkenntnis war schon die erste. Unser Acker hat vier Ecken, aber die Sphäre, die Seele, der Ball sind rund.

Kathrin: Diese Hoffnung wird sich nicht erfüllen. Vielleicht hat es bei jener Panne, die uns Fueters Vielheit zeigte (siehe *Der mehrfache Fueter*), begonnen – unser Ehegehäuse wurde brüchig, und schließlich konnte es die beiden Kugelhälften nicht mehr zusammenhalten. Wir hatten kein Glück mehr. Dann kam auch noch Pech dazu. Das Gehäuse zerbrach, wir torkelten auseinander (siehe *Angewandte Unendlichkeit*).

Im Dichtergarten von Cadenabbia

Schöner als die junge Liz Taylor steigt Alissa Walser im Bikini über die gekachelten Stufen ins blau-durchsichtige Wasser des Pools.

Dr. Spinnen, ein deutscher Dichter in beiger Tropen-uniform, hält den Vorgang in seinem Tagebuch fest. Er sitzt, das rechte Bein über das linke gelegt, unter einer Palme. Morgens um fünf, als wir andern noch schliefen, ist er bereits geschwommen. Danach hat er eine Buchkritik für die FAZ verfaßt, joggte zu einem Sanctuario im Zypressenhang über dem Comer See, schrieb ein Kapitel seines Romans und war dann als erster im Speisesaal, um zu frühstücken. Dr. Spinnen wäre gern Kanzler geworden und fühlt sich im italienischen Feriensitz von Dr. Adenauer besonders wohl.

Alissa Walser löst sich mit einem eleganten Kopfsprung vom Pooltreppchen und schwimmt nun wie ein schöner, träger Fisch ihre Bahnen.

Hieber: Ihm verdanke ich den Höhepunkt meines bürgerlichen Heldenlebens, die Begegnung mit der Weltseele (siehe *Traumkugel und Kugeltraum*).

Jochen *Hieber,* zwischen Rosenhecken postiert, zückt den Silberstift, um einen Satz über die unerklärliche Anziehungskraft des Weiblichen zu notieren. Zwar trägt er keine Pistolen, auch die vor der Brust gekreuzten Munitionsgürtel fehlen, aber sein Sombrero weist darauf hin, wie scharf Hieber schießen kann. Alissa Walser, die heute morgen vorgetragen hat, fand er hervorragend, allerdings hatte der gestrenge Kritiker anzumerken, der Text strahle etwas Kristalloblastesisches aus, das sich der Gefahr einer Illokution aussetze.

Auf den hellblauen Grund konzentriert, krault Alissa Walser etwas schneller, eine Balletteuse im horizontalen Spitzentanz. Woran mag sie denken, etwa an den Gärtner, der bei Tagesanbruch das Fangnetz durch das Wasser zieht, als würde er obszöne Träume herausfischen?

Dr. Kleinschmidt, den seine Tätowierungen als Seemann ausweisen, knipst von der Schwimmenden ein Foto. Während er das eine Auge zukneift, sagt er zu einer jungen Dichterin: »Am Ende der drittletzten Strophe müssen Sie auf die Appoggiatur achten, meine Liebe!«

Die Dichterin verspricht es. Sie ist ein bißchen verwirrt. Nicht ganz zu Unrecht, finden ihre Kolleginnen. Als sie gestern ihr Langgedicht rezitierte, hat ihr Dr. Kleinschmidt vorgeworfen, über das Oophorogene nicht hinauszukommen.

Indem Alissa Walser geräuschlos in einen Purzelbaum taucht, stößt sie sich vom Poolrand ab, um die eben bewältigte Strecke zurückzuschwimmen.

Der Romancier Roland Koch, in dichterischem Furor auf eine Hermes-Baby einhackend, baut die Wendung der Walser sofort in sein entstehendes Werk ein. Im selben Augenblick entdeckt Dr. Spinnen Dr. Kleinschmidt und ruft: »Wo sich Ihnen aus Stadlers Psalmen Metagnomisches offenbaren will, kann ich höchstens eine Tektur mit umgekehrten Vorzeichen erkennen!«

»Herr Doktor Spinnen«, faucht Dr. Kleinschmidt, »darüber reden wir noch!«

Von Alissa Walser ist ein Prusten zu hören.

Drei Jungdichter treten hinter Büschen hervor, nikken sich ahnungsvoll zu und stürzen dann in den Schatten eines Affenbrotbaums, wo sie erregt ihre Laptops aufklappen. Man glaubt förmlich zu sehen, wie sich die Schwimmzüge der Walserin in Poesie verwandeln. Wellen schnalzen, und die Spritzer, die sie leichtfüßig hochwirft, bleiben in der Nachmittagssonne hängen.

Kurz nach fünf schwebt Professorin Dr. Lermen durch den Park. Sie ist bereits für den Abend kostümiert, trägt zum wagenradgroßen Hut ein luftiges Seidenkleid, und auf den Lippen sitzt ihr wie ein Sommervogel ein Vers von Paul Celan. Kaum berühren ihre Füße den Kies – wo die Lermen geht, knirscht es nicht. Wo sie stehenbleibt, mischt sich ihr Parfüm mit dem Duft der Rondellen, und das Air, das sie umgibt, läßt den schwarzlockigen Gärtner, der früh seine Mutter verloren hat, beim Heckeschneiden innehalten.

Alissa Walser wendet wieder.

Durchschauert von Glücksgefühlen liest Roland Koch, was er eben verfaßt hat. Dann hackt er weiter.

Um Viertel nach fünf, als fern die Glocken eines Campanile läuten, tritt Arnold Stadler auf die Veranda heraus. Vatikanologe, Psalmensänger, Büchnerpreisträger. Drei schon etwas ältere Romanciers, die mit einem Bierglas in einer Hollywoodschaukel sitzen und von dort aus Alissa Walsers Schwimmen beschreiben, erheben sich ächzend, um Stadlers Sentenzen aufzuschnappen. Von der Siesta erquickt, spricht er zur allgemeinen Überraschung über André Agassis Eskapaden im Hamburger Nachtleben.

Eine junge, blasse, schmale Lyrikerin tritt hinter einer Säule hervor. »Aber der Agassi«, flüstert sie entsetzt, »ist doch der Ehemann von der Steffi Graf!«

Stadler zieht schmunzelnd am kubanischen Zigarillo. Dann gibt er der Blassen mit einem Kopfnicken recht, klemmt sein ledernes Notizbuch unter den Arm und strebt dem Pool zu.

Alissa Walser liegt jetzt auf dem Rücken, die Arme abgespreizt, die Beine leicht geöffnet. Alle Füllfedern sind gezückt und eilen, während die Wellen der Walserin ins Unhörbare verebben, über die Blätter. Einzig Dr. Kleinschmidt bleibt mit verschränkten Armen in seiner Beobachterposition. Den hier grassierenden Hang zur Beschreibung des gerade sich Ereignenden lehnt er ab. Das sei ja, schnaubt er in Hiebers Richtung, die reinste Polypragmosyne!

Ausnahmsweise teilt Hieber Kleinschmidts Meinung. Dann sprinten die beiden Herren zum Pool, um Alissa Walser, die über glitschige Stufen dem Wasser entsteigt, Bademantel und Frotteetuch zu reichen. Perlen rinnen über braune Haut, die schöne Nasse zögert, doch scheint sie sehr wohl zu wissen, wie sie sich aus der Affäre ziehen kann, ohne es mit den Gestrengen zu verderben. Indem sie sich vom Kollegen Stadler das Frotteetuch reichen läßt, schenkt sie Hieber den Anflug eines Lächelns und schaut dann, schon im Gehen, mit der Andeutung eines Winkens zu Dr. Kleinschmidt zurück.

Im Dichtergarten ist es still geworden, so still, daß das alkyonische *Atmen der Blumen* hörbar wird. Hieber und Kleinschmidt räuspern sich. Der Gärtner, der davonhüpfenden Professorin Lermen nachträumend, schnipselt weiter, und ohne nach links oder rechts zu sehen, schlendert die Walserin mit einem zärtlichen Wiegen ihrer Hüften auf die Villa zu. Was für ein Schreiten! Die Wasserspur ihrer Füße wird von der frühherbstlichen Spätnachmittagssonne aufgesogen, und zugegeben, diese bodenleckende Gier des Gestirns ruft bei den meisten von uns, der Kleinschmidtschen Kritik zum Trotz, einen sordischen Sotadeus hervor.

Atmen der Blumen: Auf verborgenen, von Büschen überwucherten Stufen erwachen die Katzen, sie recken und strecken sich, gähnen und blinzeln, um sich dann hinter der Küche zu sammeln.

Oben in der Villa öffnet sich kurz danach der dunkelgrüne Fensterladen, und zwei schlanke Hände, aus der Dämmernis ins Licht greifend, betten die beiden Bikiniteile auf den altargleichen Sims, ein nasses Höschen und zwei pralle Brüste. Zugleich steigt aus der Tiefe des Parks der Gesang der Professorin auf, und die Cleveren ahnen, daß die Gute noch ein wenig übt, um nach dem Diner mit einer musikalischen Überraschung aufzuwarten. Roland Koch allerdings hackt ungerührt weiter. Bereits hängt am Zipfel eines Palmwedels seine Petroleumfunzel, und keiner der Kollegen zweifelt daran, daß der tapfere Roland, von Moskitos umsurrt wie einst Papa Hemingway am Fuß des Kilimandscharo, bis zum Morgengrauen durchhalten wird.

Hinter Stadlers Stirn scheint sich kurz vor dem Aperitif, der wie üblich im Freien kredenzt wird, ein weiterer Psalmvers zu entwickeln, und Hieber, der sich den Sombrero an die Brust drückt, bemerkt zum geschlossenen Fensterladen hinauf: »Die Dichtung der Walser ist ebenso aeril wie äquivok.«

Während die meisten an ihren Campari-Gläsern nippen, hat sich Dr. Spinnen vor der Villa auf eine Treppenstufe gestellt, um einem hochinteressierten Fachpublikum unter dem Fenster der Schönen vorzulesen, wie er ihr Kraulen bedichtet hat. Er selbst, fügt Spinnen an, würde seinen Text, den er bei aller Bescheidenheit für äußerst gelungen halte, als konsensuelle Prünelle bezeichnen.

Nach dem Mahl versammelt man sich im Salon der Villa um den Flügel. Die Dichterin Borchers erscheint im weißen Wildlederdreß. Sie nimmt auf Dr. Adenauers Ferienpultsessel den Ehrenplatz ein, links von Stadler, rechts von sämtlichen Jungdichtern flankiert. »Unsere Borchers«, bemerkt Hieber, »ist die Greta Garbo der bundesrepublikanischen Nachkriegslyrik«, und natürlich findet das geflügelte Wort unverzüglich Eingang in sämtliche Notizbücher. Sogar Dr. Kleinschmidt hat seiner Kniesocke einen Bleistift entnommen, um Hiebers Treffer auf der Innenseite eines Streichholzbriefchens festzuhalten. Wie jeden Abend, präsentiert sich Dr. Kleinschmidt auch heute in der Sommeruniform eines Ersten Offiziers der DDR-Marine. Das kurzärmlige Hemd und die kurzen Hosen geben ihm etwas erfrischend Jungenhaftes; »Panzerkreuzer Schwerin« meldet die Mütze, und selbst jene Dichterin, die er gestern mit dem Begriff Oophorogenie versenkt hat, kann sich eines schmachtenden Blicks kaum erwehren (morgen wird sie eine korrigierte Fassung präsentieren).

Kurz nach 21 Uhr ein freudiges Raunen, ein Ah!- und Oh!-Rufen, und schon wimmelt es von kräftigen Armen, die darum streiten, die Professorin Lermen auf eine Obstkiste heben zu dürfen. Die Kiste, worin man einst die Äpfel für Dr. Adenauer aufbewahrt hat, gilt im Haus als Reliquie und wird von durchreisenden CDU-Politikern gern als Fotosujet benutzt. Ein Augenblick der heilig nüchternen Stille. Hieber riskiert es, der reglos sinnenden Greta-Garbo-Borchers einen Augenflirt anzubieten. Psalmist Stadler saugt am Zigarillo.

Dr. Spinnen bläht die Brust. Dr. Kleinschmidt salutiert. Von draußen das Hermes-Baby-Geklapper des Dichters Koch, Geschrill von Zikaden, Geruch nach gegossenen Beeten, Thymian, Minze, Basilikum. Die Blasse, blasser als je, klimpert mit künstlichen Wimpern. Dr. Braun, der Secretarius der Stiftung, greift in die Tasten, und die Professorin Lermen, alle Männeraugen auf der Woge ihres Luft holenden Busens versammelnd, legt los. Und wie sie loslegt! Mit einer Arie aus dem *Vogelhändler* setzt sie dem Tag und allen dichterischen Leistungen, die er hervorgebracht hat, die musikalische Krone auf: »Grüß euch Gott, alle miteinander, ich hab' euch liab.«

Über dem Comer See glitzern Sterne, und mit einer leisen Wehmut stellt sich ein älterer, grauhaariger, dickbauchiger Romancier vor, wie Alissa Walser und der Gärtner Hand in Hand über mondlichtbepuderte Stufen bergan wandeln, vom Katzenrudel lautlos gefolgt, bis alle miteinander vom Nachtschatten der Zypressen verschlungen werden.

ANGEWANDTE UNENDLICHKEIT

Dankesrede zum Jean-Paul-Preis

Der alternde Jean Paul verbrachte seine Tage »fern vom Ehegehäuse« in der Kneipe, bei einer Gastwirtin namens Rollwenzel. Er trank Bier und war über Monate mit den germanistischen Wahnstücken eines gewissen Christian Hinrich Wolke beschäftigt. »Weil ihm die Phantasie ausging«, äußerte sich Goethe, »und ihm nichts Großes mehr einfallen wollte, quälte er sich mit Kleinigkeiten ab und trieb Wortklauberei. So hatte er seine ewige Angst und seinen Ärger wegen des s des Genitivs.«

Bühnin: Lesin, Dichtin, Küchin etc.

In der Tat, darum ging's. Wolke wollte die deutsche Sprache erneuern. Aus der Göttin Flora sollte eine »Blumine« werden, aus Zeus »Donneran«, und da Wolke befürchtete, unter einer Schauspielerin verstehe man fälschlich die Frau eines Schauspielers, unter einer Näherin die Frau eines Nähers, machte er den stupenden Vorschlag, eine, die näht, »Nehin« zu nennen und eine, die schauspielert, *»Bühnin«*. Zudem glaubte Wolke nachweisen zu können, schon im Paradies sei deutsch gesprochen worden, leider auch von der Schlange, der zischelnden, säuselnden mit der gespaltenen Zunge, die sich vom Baum der Erkenntnis in die Doppelwörter einschlich und diese durch ihr Fugen-, Binde- oder Genitiv-s zu entzweien versuchte: sss! Gegen dieses S, zum Beispiel in Danke*s*rede, zog Wolke ritterlich in den Kampf, von Jean Paul, seinem Sancho Pansa, treu begleitet. Gewiß, alle Wolkereien machte Sancho Paul nicht mit, am deutsch sprechenden Paradies meldete er Zweifel an, aber in einem waren sich der wahnnüchterne Don Wolke und sein bierbeduselter Knappe völlig einig: die S-Schlange sei das Unglück unserer Sprache. Statt Liebesbeziehung sollte es »Liebe-beziehung« heißen, statt Geburtstag »Geburt-tag«, statt Sterbensstunde »Sterben-stunde«, beide Wörter gleichwertig, nieder mit dem Genitiv, fort mit dem S, Frau Gastwirtin Rollwenzel, noch ein Bier!

Jean Paul ist der größte deutsche Sprachkünstler. Seine Schöpfungen liegen wie erratische Blöcke im Gelände unserer Literatur. Sätze wie Kometen. Wörter aus Sterngefunkel. Himmlische Töne, auf die Erde geholt: »angewandte Unendlichkeit«.

Und nun, im letzten Leben-jahrzehnt, hockte der Meister aller Klassen Tag für Tag in der Rollwenzelei, trank doppelte Maß, sammelte Doppelwörter, fragte sich, warum wir im Sommernachtstraum ein S, aber im Nachttraum keines haben, und unterzog sich, wie er stöhnte, »der ungemein beschwerlichen Arbeit«, einen seiner Romane, den vierbändigen »Siebenkäs«, in eine zweite Fassung zu wuchten, natürlich ohne das verhaßte Fugen-s, Frau Gastwirtin Rollwenzel, noch ein Bier!

Als ich die Nachricht erhielt, die Jury habe mir den Jean-Paul-Preis zugesprochen, litt ich unter dem *Zerbrechen einer zwanzigjährigen Liebe-beziehung.* Andere retten sich in solcher Lage auf die Therapeutencouch, mich sog es dank des Preises in den *Siebenkäs* hinein, den Roman einer Ehe zwischen Lenette, einer Nehin, und Siebenkäs, einem Armenadvokaten und Schriftsteller. Hat mir das Buch geholfen? War es die richtige Therapie? Ich versuche, diese Frage zu beantworten, und bitte Sie, meine Damen und Herren, diesen Versuch als Danke-rede gelten zu lassen.

Im ärmlichen Kuhschnappel heiratet der empfindung-reiche Siebenkäs die lieben-werte Lenette. Siebenkäs schreibt und schreibt, doch kann er nichts veröffentlichen, die beiden verarmen und müssen, um nicht zu hungern, ihre Habe Stück für Stück ins Pfandhaus tragen. So wird die äußere Leere zur inneren. In der Not erlischt die Liebe. Zuletzt wird auch

Zerbrechen einer zwanzigjährigen Liebe-beziehung: Beim Einschlafen pflegten wir Hand in Hand auf dem Rücken zu liegen, sahen ins Dunkel und vereinten uns in einem Paarmonolog an die Nacht. Das kann nicht alles gewesen sein, sprachen unsere Herzen, da muß noch was kommen. Anderntags kroch Kathrin links aus dem Bett, ich rechts, und wie stets war auf die Kaffeemaschine, die sich automatisch einschaltete, Verlaß. Die beiden roten Pötte, die Morgen für Morgen ein uniformes Urnenpaar bildeten, füllten sich mit Kaffee. Die Zweisamkeit hatte uns einsam gemacht, und es war, da jeder von uns zur eigenen Einsamkeit auch die Einsamkeit des andern zu tragen hatte, eine doppelte Einsamkeit. Dann geschah's. An einem Samstagabend, kurz nach Beginn der Sportschau. Im Unterhemd saß ich auf dem Sofa, eine Bierdose in der Rechten. Kathrin wollte mit mir reden. »Später«, sagte ich.

der Kattun, Lenettes Liebling-kleid, verpfändet, und Siebenkäs besitzt von seiner Garderobe nur noch, was er zum Sterben braucht: den Trauerrock. Die Wohnung ist geräumt, das Gehäuse kahl, die Bühne leer – das Endspiel einer Ehe kann beginnen. Und es beginnt, wie später in Strindbergs *Totentanz,* mit dem Auftritt eines Dritten. Bei Jean Paul heißt er Stiefel und versieht das ehrenvolle Amt eines Schulrats. Anders als Siebenkäs, der jammervolle Schriftsteller, verfügt der Herr Rat über eine gut gefüllte Börse. An den Sonntagen riecht er nach Kirche und Braten, und *contre cœur* scheint sich die hungernde Lenette in den wohlriechenden Stinkstiefel zu verlieben.

»Nein«, sagte sie, »jetzt! Was war in Cadenabbia?«
»Wo? Ach so« – ich stellte den Fernseher etwas lauter – »nichts. Was soll schon gewesen sein.«
»Du lügst.«
»Foul!«
»Schau mich an!«
»Ein klares Foul! Da muß er pfeifen!«
Rien ne va plus. Les jeux sont faits. Aus! Aus! Aus!

»Was soll ich tun?« fragt Siebenkäs seinen Freund Leibgeber, worauf der zu einer überraschenden Lösung rät: »Stirb!« Siebenkäs willigt in Leibgebers Plan ein und stiehlt sich, indem er seinen Tod vortäuscht, aus Kuhschnappel, Ehe- und Geldproblemen davon. So, glaubt er, würde Lenette frei für Stiefel und er, Siebenkäs, für sein literarisches Werk.

»Der Stoff der Allegorie ist leider wahr«, heißt es in einer Anmerkung, und tatsächlich, Allegorie und Stoff fallen in Jean Pauls Ehe- und Endspiel zusammen. Damit Siebenkäs seinen Stoff verarbeiten kann, müssen *ihre* Stoffe, die der Nehin, ins Pfandhaus wandern – ein Prozeß, worin der Autor, der es ja ebenfalls mit einem Stoff zu tun hat, eine Spiegelung seines eigenen Tuns erblickt. So erzählt er, wenn er vom zerstrittenen Ehepaar erzählt, immer auch von seinem Denken, Dichten und Leiden beim Verfertigen des gewaltigen, vierbändigen Romanunternehmens und von den Widersprüchen, die seine Arbeit anstoßen und behindern.

Die historische Situation, die das Werk hervorbrachte, war brisant. Nachdem Kant in der *Kritik der reinen Vernunft* sämtliche Gottesbeweise widerlegt hatte, trat Fichte auf und ersetzte Gott, das oberste Prinzip des Denkens und den Grund allen Seins, durch das absolute Ich. Jean Paul, in seiner Frömmigkeit erschüttert, schrieb sich seine Krise vom Leib: explizit mit dem »ersten Blumenstück« im *Siebenkäs,* der »Rede des toten Christus vom Weltgebäude herab, daß kein Gott sei«. Dieses Blumen- oder Dornenstück, ein Traum des Autors, sprengt, genau in der Mitte des Romans, dessen Bau, ähnlich dem Fugen-s, das die Doppelwörter entzweit.

Jean Paul war von Kants theoretischer Philosophie und Fichtes Wissenschaftslehre durchdrungen – voller Haß und Abscheu. Er konnte an das große Ganze nicht mehr glauben, die Schlange hatte zugebissen, und ihr Opfer war der, der sie geschaffen hatte, der Schöpfer. Führwahr eine fatale Situation! Vom Weltgebäude herab erscholl die Mitteilung: Ich, Gott, bin tot.

Aber das war nicht das Schlimmste. Unter einem

leeren Himmel hätten wir Menschen durchaus leben können, fand Jean Paul, vielleicht sogar besser, zumindest freier als unter einem vollen. Nur blieb der Thron, den früher Gott eingenommen hatte, nicht leer, da nahm nun der Mensch Platz, präziser: das transzendentale Subjekt Kants sowie das absolute Ich Fichtes, und beide setzten forsch und freudig das ehemals göttliche Walten fort. Das transzendentale Subjekt beobachtete, was geschieht, wenn es selber tätig ist, während das absolute Ich, nunmehr das oberste Prinzip des Denkens, empirische Ichs produzierte. Einfacher gesagt: Das Ich hatte sich nicht nur auf den Thron, sondern erst noch an den Schreibtisch gesetzt, wo es zum Schöpfer seiner selbst wurde. Jean Paul, der lieber trank als schrieb, fand das ziemlich furchtbar. Der Himmel über den Menschen war nicht leer, sondern eng geworden. Da gab es nun keinen Gott mehr, vielmehr wölbte sich über der Menschheit der gewaltige *Hintern* eines schwer schuftenden fränkischen Schriftstellers.

Damit bin ich im Kern des Romans angelangt. Schreibend beschreibt Jean Paul die eigene Tätigkeit, und wie Siebenkäs sämtliche Schränke leeren muß, um seine Seiten zu füllen, füllt Jean Paul die seinen, indem er Lenette, Siebenkäs und damit sich selbst bis auf die Haut, bis

Hintern: Christus thront bei Jean Paul über der Welt wie Calderóns el autor, der Schöpfer, über der Bühne. Es sind getrennte Ebenen: El autor setzt seine sechs Personen ins Leben, um dann von oben herab zuzusehen, wie sie zur Bahre wandeln. Zwischen ihm und seinen Geschöpfen gibt es keine Treppe. Er oben, die Geschöpfe unten. Diesen Himmel können wir nicht betreten, höchstens ersetzen – Kant hat

auf die Seele auszieht. Als Schöpfer, heißt es, wohne er »in der *dunklen Kammer* voll beweglicher Bilder einer verkleinerten Welt unter niemand als unter (seinen) Geschöpfen«. Dieses Romanverfasser-Ich setzt sich gemäß den Erkenntnissen von Kant und Fichte absolut und weiß, was das bedeutet. Wenn Gott verkünden muß, das Unendliche sei (in einem Schriftstellerhirn) endlich geworden, dann ist kein Gott mehr, kein Himmel und kein Paradies (ob dort deutsch gesprochen wurde oder nicht). Statt dessen stecken nun alle Beteiligten in der Ich-Haube des deutschen Idealismus, also in einer »dunklen Kammer«, und der bürgerliche Totentanz à la Strindberg kann beginnen.

Siebenkäs und Lenette schenken sich nichts. Sie hat die Eigenschaft, die Suppe gerade dann auf den Tisch zu stellen, wenn ihm der perfekte Satz einfallen will. Er patzt, und wer ist schuld? Wer wohl, sie! Unterwürfig bettelt er um die zum Schreiben nötige Ruhe, und schon tippelt sie so spinnenfüßig durch die Woh-

das ein für allemal klargestellt. Das bildet auch die Sprache ab. Früher besangen Philosophen, Dichter, Evangelisten und Mystiker die himmlischen Gefilde, dann kam der Königsberger, mit ihm der Kanzleistil, und was über Jahrtausende Poesie gewesen war, voller Früchte und Blumen, verdorrte zum überprüfbaren, streng notwendigen und allgemein gültigen »Dornenstück« des transzendentalen Subjekts. Nun ging es nicht mehr um die Liebe, nur noch um die Bedingung ihrer Möglichkeit.

dunkle Kammer: Wie dunkel sie war, zeigt sich auch darin, daß ihr Architekt, Immanuel Kant, sich von seinem Diener Lampe nur bei geschlossenen Fensterläden, zugezogenen Vorhängen, ohne Öl- oder Kerzenlicht ankleiden ließ. In Kants Kammer durfte nur gedacht, nicht geschaut werden. Was die Sinne affizierte (und nicht den Verstand), war von Übel – allerdings wird der Diener mit dem sprechenden Namen froh gewesen sein, daß ihm der Anblick des Kantschen Pullerich im Dunkel erspart blieb. – Mehr zu dessen Kostüm und nung, daß er unablässig hinhören muß und schließlich in den Ruf ausbricht: »Geh lieber wie gewöhnlich, Beste! – einem leisen Lärm bin ich nicht gewachsen.«

wie es dazu kam, daß ausgerechnet die prüdeste Geistesperücke des Abendlandes, Immanuel Kant, die Strapse erfunden hat, erfahren Sie in meiner Novelle *Fräulein Stark.*

»Sie macht unsere Stube zu einem englischen Kriegschiff«, klagt Siebenkäs, und es ist ja klar: Solange sie den Lappen auswringt, auf den Boden klatscht und fegend über das Deck eilt, ist es um seine Einfälle geschehen. »Ihre Handlungen werden grotesker«, mokiert sich Jean Paul, »ihre Seelen hypochondrisch« und »die Nächte stumm, als wäre die Zeit vorbei«. Das liegt auch daran, daß die Uhr nicht mehr an der Wand, sondern im Pfandhaus tickt, und je stiller und leerer es im Ehegehäuse zu Kuhschnappel wird, desto verzweifelter versucht Lenette, die Armenwohnung sauberzuhalten. Sie putzt und putzt und putzt. Die Wände und Böden werden blank, so blank wie Spiegel, und da der Autor sein eigenes Schreiben (und Glänzen und Säubern) ja mitdenkt, herrscht bald der blanke Irrsinn. Den Figuren geht es wie den Gefesselten in Platons Höhle. Sie begegnen in den eigenen vier Spiegelwänden der Gewißheit, im Abbild wirklicher zu sein als im empirischen Ich – aber was heißt hier *empirisch?* Darf eine vom absoluten Verfasser-Ich erzeugte Figur *wirklich* genannt werden? Irgendwann wird einem klar, daß Siebenkäs in Wahrheit gar nicht Siebenkäs, sondern Leibgeber (Leibgeber!) ist, und weil dieses Doppelgänger-Duo zugleich in der leergeräumten Wohnung und im Hirn seines Schöpfers herumspukt, erfährt auch der Leser die Verstörung, die Kant und Fichte damals angerichtet haben. Wo ehedem der lichte Himmel war, befand sich nun eine dunkle Kammer, in der Jean Paul am Schreibtisch hockte und aus dem Entsetzen über den Verlust Gottes und den Stellenwert des Subjekts einen Spiegelsaal machte, worin Siebenkäs eigentlich Leibgeber und jener Siebenkäs sein will. Wirklich? Oder bin ich auf Jean Paul hereingefallen? Soll ich seine Figuren mit ihrem Abbild verwechseln?

Im Lauf der Handlung, die irr und irrer wird, droht sich auch Lenette abhanden zu kommen, und Leser und Lesin, am Rand der Verzweiflung entlangschlitternd, begreifen nur allzugut, daß sich die kluge Nehin nach dem *einfachen* Leben sehnt, ohne Spiegelgefechte, Schattenspiele und Doppelgängereien. Aber Vorsicht! Stiefel treten gewöhnlich als *Paar* auf, und so hätte allein der *Name* des Eindringlings Lenette davor bewahren sollen, ihr Herz an ihn zu verlieren. Als Einzelstiefel ist er liebe-tanz-untauglich und letztlich nichts anderes als der hinkende, stinkende Gegenentwurf zum doppelgängerischen Ehemann (und somit eine weitere Spiegelung jenes Subjekts, das anhand seiner Figuren sich selbst erzählt).

Ja, dieses Subjekt erzählt furios – und ziemlich diabolisch, was vor allem Lenette, die weibliche Hauptfigur, zu spüren bekommt. Wie im Märchen erfüllt sich ihr Wunsch. Sie bekommt einen Mann mit Geld. Aber dieser Mann heißt Stiefel, und ein einzelner Stiefel, deutet Jean Paul an, macht in der leerhallenden, uhrenlosen Kammer die Abwesenheit des zweiten hörbar. So tanzt nur einer: der Tod. Er tritt auf, ohne aufzutreten. Er ist der lautlose Lärm, dem niemand gewachsen ist. Mit einer Ausnahme: Siebenkäs. Der glaubt den Tod überwinden zu können – indem er so tut, als sei er gestorben. Er ist keine Leiche, er spielt eine, und eine Zeitlang sieht es beinah danach aus, als gelänge es dem lebendigen Toten, seine Ziele zu erreichen. Aber dann muß er feststellen, daß es ihn wirklich und wahrhaftig in den Zustand der Seligkeit verschlagen hat – in die Seligkeit der Liebe. Auf die vorgetäuschte Totenmaske tropfen echte Tränen, Tränen der wahren Verzweiflung, und es gehört zum Grandiosen dieses Romans, wie er Liebe und Tod in eins setzt. Was im Ehebett nicht gelang, vollzieht sich im Totenbett. Lenette überfällt die vermeintliche Leiche ihres Siebenkäs mit heißen Küssen. Liebe! Das wäre sie jetzt. Aber um sie zu leben, müßte Siebenkäs seine Starre aufgeben, und eine Auferstehung, die ihn als Betrüger entlarvt, nein, das kann er sich nicht leisten, das würde die frische Liebe im Keim ersticken. Also bleibt er tot, zumindest für Lenette, und beschränkt seine Auferstehung auf die Flucht aus dem verhaßten Kuhschnappel.

Solange Gott als Grund und oberstes Prinzip des Seins absolute Gültigkeit hatte, war eine Liebe-beziehung, mit Jean Paul gesagt, »angewandte Unendlichkeit«. Damit war es nun vorbei. Vom Weltgebäude herab wurde mitgeteilt, daß kein Gott mehr sei, mit anderen Worten: daß wir uns im »freien Spielraum des Nichts« ausgeleert und verloren haben. Im furiosen Höhepunkt des Romans führt Jean Paul vor, was das heißt. Wird das Hohe Lied als Gassenschlager gepfiffen, landen wir mit unseren höchsten Gefühlen in der Klamotte. Da sind Schmerzen Scherze, Scherze Schmerzen, und noch die heißeste, die wahrste, die schönste Liebe-träne krabbelt wie eine Fliege über die geheuchelte Totenmaske und kitzelt die Lachmuskeln, jene der Maske und die der Lesin, des Lesers.

Für Jean Pauls Zeitgenossen war diese Szene ein Skandalon. Er mußte sich sogar gegen eine preußische Witwenrentenkasse wehren, die in der Pseudoauferstehung des Armenadvokaten Siebenkäs eine Anleitung zum Betrug sah. Tatsächlich bekommt Lenette, die falsche Witwe, ihr Geld, aber glücklich wird sie mit ihrem Stiefel nicht, und ob die »Leiden unseres Freundes«, wie der letzte Satz verheißt, im diesseitigen Jenseits tatsächlich »vorüber« sind, bleibt offen.

Jean Paul, habe ich am Eingang meiner Überlegungen angeführt, saß seine letzten Leben-jahre in der Gaststube ab, wo er das Fugen-, Binde- oder Genitiv-s aus den Doppelwörtern eliminierte. Bei mir, dem Roman-Therapiepatienten, führte dies über Hunderte von Seiten zu einer Art Lesestotterung. Ich kam, ohne zu stolpern, über Wörter wie Liebe-brief, Liebe-beziehung, Liebe-paar nicht hinweg und scheiterte schließlich sogar beim Wort Ehepaar. Kurzum, ob das S getilgt war oder zu Recht fehlte: jedes Doppelwort, jedes Paarwort wurde mir zum Stolperstein. Ein Trauerstolpern war's, ein Leiden-parcour, und bei der zweiten Lektüre, die mich einen ganzen Sommer lang beschäftigte, jeden Tag für zwei oder drei Stunden, begann mir zu dämmern, worin mein Leiden bestehen könnte. Ich hatte meine Liebste verloren – schlimmer jedoch, viel schlimmer, war ein anderer Verlust, und von diesem erzählte nicht die untere Erzählebene, worauf sich die Liebe-geschichte abspielt, sondern die obere, der Metaroman. Wer den Himmel abschafft, verliert den Glauben, jeden Glauben, auch den Glauben an die Liebe. Das auf sich selbst fixierte Ich kann den andern, die andere nicht finden. Es bleibt in der »dunklen Kammer« eingeschlossen, es ist, wie Siebenkäs, eine lebende Leiche. Sicher, auch ohne Absolutes finden Paare zueinander. Sie mögen sogar glücklich werden. Nur: Die Unendlichkeit, die einstmals in der Liebe endlich werden konnte, ist aus den Umarmungen verschwunden. Jean Paul nennt es »poetischen Nihilismus«. Die Liebe lebt. Sie behält ihre Poesie. Allerdings wird sie nicht mehr vom Absoluten, sondern vom Nihil grundiert, von blanken Spiegeln.

Keine Hoffnung? Vielleicht doch. In einem einzigen Buchstaben. Bei der ersten Lektüre habe ich ihn übersehen, bei der zweiten jedoch traf es mich wie ein Blitz.

Auf Seite 799 in der Hanser-Ausgabe von Norbert Miller beweist Lenette, die schöne, liebe, kluge, mit schnippischer Selbstverständlichkeit, daß auch die geschlossenste Subjekthaube ein Rißchen hat. »Mein Vater Seliger war doch lange Rats-Kopist«, sagt sie. Rats-Kopist. Mit S. Mit S! So, mit einem einzigen Buchstaben, triumphiert die weibliche Hauptfigur über ihren Autor. So, nur mit diesem S, sprengt sie ein ganzes System, und solange es solche Frauen gibt, wird es auch die Liebe geben, die überirdische, die durch den Spalt, den Riß, die Fuge unser Dunkel erhellt.

Sie alle, meine Damen und Herren, und vor allem die Jury, mögen sich zweifelnd gefragt haben, was denn ein Hürlimann mit Jean Paul gemein habe. Zum Schluß meiner Danke-rede darf ich Ihnen verraten: mehr als Sie ahnen konnten. In meinen jungen Jahren, als ich noch meinen Militärdienst absolvieren mußte, war ich Büroordonnanz beim Stab des dritten Armeekorps. Während langer Wochen bestand meine Aufgabe darin, sämtliche Befehle, Anweisungen, Lageskizzen, Munitionslisten und Zielvorgaben für ein bevorstehendes Korpsmanöver im Gotthardgebiet als Korrektor durchzulesen, insgesamt etwa 8000 Seiten. Da vor mir bereits mehrere Adjudanten und Ordonnanzen, sogar solche im Offiziersrang, die zentnerschwere Papiermasse durchkorrigiert hatten, wurde allgemein angenommen, daß ich weder eine falsche Azimutzahl noch einen fehlenden Buchstaben entdecken würde. Eines Nachts rief mich der

Oberstkorpskommandant in sein Büro und erkundigte sich nach dem Stand der Dinge. »Herr Oberstkorpskommandant«, antwortete ich mannhaft, »bedaure Ihnen mitteilen zu müssen, daß ich auf einen Fehler gestoßen bin, der sich durch Ihr gesamtes Werk zieht. Auf jeder Seite heißt es mindestens dreimal ›Schiedsrichterbinde‹.«

Was daran falsch sei, fragte er. »Das fehlende Genitiv-, Fugen- oder Binde-s, Herr Oberstkorpskommandant! Da es nicht Monat-binde, sondern Monatsbinde heißt, mit s, sollte es korrekt ›Schiedsrichtersbinde‹ heißen, richters, mit s.«

Ich hätte besser geschwiegen. Er befahl mich zurück ins Büro, an den Schreibtisch. Hohe Akademie, liebe Jury, meine Damen und Herren, keiner auf dieser Welt hat je so viele Genitiv-, Fugen- oder Binde-s getilgt wie Jean Paul, und keiner hat je so viele in Manöverbefehle hineinkorrigiert wie ich.

Frau Gastwirtin Rollwenzel, eine doppelte Maß für alle!

Die bunte Liste der Einsamkeiten

Über Botho Strauß

An einem Montag traf ich auf dem Bahnhof Zürich Peter von Matt. Beide hatten wir im »Spiegel« den *Anschwellenden Bocksgesang* von Botho Strauß gelesen. Beide wußten wir: ein Text wie ein Blitz. Von Matt sagte: »Und wenn ich keinem einzigen Gedanken zustimmen würde, müßte ich Strauß dennoch recht geben – seine Sprachmacht gibt ihm recht.«

Anaximander: geboren 610 v. Chr. in Milet, Schüler des Thales, gestorben 547. Als erster verfaßte er eine die Natur erklärende Schrift. Er soll die Sonnenuhr erfunden, eine Land und See darstellende Karte gezeichnet sowie ein Modell der Himmelskugel entworfen haben. Den Urstoff, der allem zugrunde liegt, nannte er das *apeiron.* Präexistent und unvergänglich, liegt es allen Möglichkeiten zugrunde. Was aus ihm entsteht, muß vergehen, das heißt, »notwendig« in das *apeiron* zurücksinken.

Zum Leben, sagt *Anaximander,* gehört der Tod. Das Vereinzelte hat für seine Vereinzelung zu büßen: im Tod. Man könnte es die Gartenlehre nennen. Was sich im Wachsen vervielfältigt und im Blühen verstreut hat, um dann im Reifen und Welken zu zerfallen, wird in das Eine zurückgenommen. Ähnliches lehren auch Heraklit und die Stoa. Der Zerstörungskraft von Blitz und Feuer, sagen sie, entspreche eine ebenso große

Zeugungsgewalt. Durch das Fegefeuer wird die Seele geläutert. Was verbrennt, kehrt zurück ins Ganze, ins Eine.

Als Student, damals in Berlin-Kreuzberg lebend, sah ich die berühmten Aufführungen der Strauß-Stücke, von Stein und Bondy inszeniert. Ich spürte sofort: Das ist der Autor meiner Generation. Auf der Bühne wurde *meine* Sache verhandelt. Die Figuren klappten ihre Seelenflügel auf, doch entdeckten sie im Innern höchstens eine Beziehungskiste. Während überall, in jeder Kneipe, in jedem Seminar, die Phalanx des Aufbruchs beschworen wurde, während Solidarität (mit der Dritten Welt, dem Proletariat, der Natur) als Heilswort der Stunde galt, waren die Frauen und Männer in der *Trilogie des Wiedersehens,* in *Groß und klein, Kalldewey* und in *Die Zeit und das Zimmer* derart einsam, daß sie sich Dingen gegenübersahen, die ihrerseits der Vereinzelung anheimgefallen waren. Einer hockt vor seiner Waschmaschine. Eine spricht am Hauseingang mit der Gegensprechanlage, und versucht einer ein Sandwich zu essen, gerät er in den Slapstick. Das Ding in seiner Hand verselbständigt sich, bis es dem Mann die Sprache verschlägt. Der staunende Mund steht offen, weder kann er weiterreden noch zubeißen, die Sache übernimmt die Handlung, und die Menschen verkommen zu Sächlichkeiten. Ein Buch blutet, eine Säule spricht. Die Gesichter sind bekannt, denn sie ähneln ihrer Umgebung, und die Gefühle vermischen sich, weil das wild gewordene Sandwich oder die Trommel der Waschmaschine die gleiche Bedeutung haben wie die Beziehungskiste in der Seelenwunde. Die Dinge sind so hypochondrisch wie die Menschen, die Hierarchie verschwindet, die Stufen werden platt, kurzum: Alles hat auf der bunten Liste der Einsamkeiten seinen Platz, alles und alle, ohne Rang, ohne Wert.

Sternheim: Der äußerte mal, alle großen Dramatiker fingen mit S an. Sophokles, Shakespeare, Schiller, er selbst. Und Strauß, ahnte Sternheim voraus.

Mit diesem Befund war Strauß, wie Jahrzehnte vor ihm *Carl Sternheim,* »der Arzt am Leib seiner Zeit«, doch faßte Strauß seine Diagnose nicht nur in Stücke, sondern ebenso in Notate, die ihm und uns helfen sollten, der Vereinzelung auf den Grund zu kommen. Auf den *Grund?* Ist denn in der »Plunderwelt«, wie Strauß sie nennt, ein Letztes oder Erstes, eben eine Begründung, überhaupt denkbar? Gibt es trotz allem einen Zusammenhang, ein großes Ganzes, das den Plunder ordnet, den »Krimskrams« mit Sinn versieht?

Nachdem ich Kant und Fichte gelesen hatte, war ich überzeugt, nun würden meine metaphysischen Antennen ins Leere zappeln. Später las ich Strauß und begriff: Meine Diagnose stimmte nicht. Oder nur zum Teil. Nicht an metaphysischer Obdachlosigkeit litt ich, vielmehr am Phantomschmerz der amputierten Antennen.

Auch in diesem Fall ging es um eine Vereinzelung, um ein Selbständigwerden. Der Schmerz hatte seine Eliminierung überlebt. Er blieb. Einsam. Sinnlos. Aber: Er blieb. Die Antennen, die es nicht mehr gab, taten weh. Sie zuckten, doch zuckten sie nur noch als Phantome, und schlüge der Blitz tatsächlich ein, würden sie ihn auf läppische Weise verpassen. Das heißt, sogar der Zusammenhang zwischen Blitz und Ableiter, zwischen Kopf und Weh hat sich aufgelöst. Die Vereinzelung, das große Büßen der Menschen und Dinge, ist total geworden, Pancomedia.

Also doch: Kein Ganzes? keine Ordnung? kein Sinn? Ist das Pan aus der Comedia verschwunden, das Wort nur noch ein Witz, bestenfalls eine höhnische Erinnerung an eine längst versunkene Epoche?

Nein. In dem, was *ent*wischt, möchte Strauß, der als Dramatiker auf den Boulevard, als Philosoph zu den Sternen blickt, etwas *er*wischen. »Im Machtsystem der Beschleunigungen« sucht er mutig, gar pathetisch den »Bestand«, und er begründet die Lust dazu auf sympathische Weise mit der eigenen Tätigkeit. »Wieso arbeite ich stundenlang an einem Satz? Das ist doch nicht mein eigenes subjektives Empfinden von Perfektion! Es muß doch ein tieferes Urbild dieses Satzes geben, das nicht allein aus meiner Subjektivität kommt, sondern von anderswoher: aus der Summe von Literatur, die ich kenne oder die überhaupt unter die disparate Vielstimmigkeit des (Schluß-)Chors eine Grundmelodie legt, etwas, das ›Permanenz hat‹.« Das bewahrt ihn davor, »an der Schreibtischkante zu verrecken«. Auch verhindert sein Glaube – er selbst gebraucht dieses Wort –, daß er in die

Falle des Nihilismus tappt. Strauß vergißt nie, daß es zumindest *eine* Warte geben muß, die sich vom Zerfall ausnimmt: die eigene Position, die das Zerfallen feststellt, die sich den Glauben an den Glauben nicht nehmen läßt.

Wie sieht seine Warte aus? Wo könnte sie liegen? Gibt es trotz der »Macht des Vielfältigen«, trotz der »bunten Liste der tausend Spleens und Richtigkeiten« ein »wie auch immer imaginäres *Ganzes*«? Scheint im Alltäglichen Mythisches durch? Wird irgendwo ein Traum geträumt, zum Beispiel Shakespeares Sommernachtstraum, der sich zu guter Letzt als stärker erweisen könnte als unsere aufgeregten, tagesabhängigen Wachheiten?

In der täglichen Arbeit, im Ringen um den einzelnen Satz, das einzelne Wort, die einzelne Gebärde, fühlt Strauß den Wunsch, »ein Palimpsest-Leser zu sein, der bei jedem Durchschnittsmenschen die Urschrift eines großen Lebens fand«.

Kann er die Urschrift lesen? Gelingt es ihm, hinter all den Einzelheiten das Eine zu erkennen, Anaximanders *apeiron?*

Zumindest, so Strauß, können wir den Plunder dechiffrieren, die Gebärden sammeln, die Splitter sortieren und zu einer »bunten Liste« der Einsamkeiten zusammenstellen. Ein schwieriges Unternehmen, schließlich droht ein solcher Prozeß alles nur noch schlimmer, noch »krimskramsiger« zu machen. Aber! Aber da ist Straußens Glaube an die höhere Macht der Sprache, und dieser Glaube gibt ihm die Gewißheit, daß selbst das einsamste Einsame nicht nur einsam, sondern ebenfalls ein *Bestand*-teil ist, eine Gebärde in der Pancomedia, »ein Akkord aus des Weltalls Symphonie« (Novalis).

»'barung«, sagt Strauß. Ohne *Offen.* Ob da was offen bleibt und was das Offene sein könnte, läßt er offen – und hält es gerade in dieser Offenheit, die auch eine Öffnung ist, für möglich, ja für wahrscheinlich, daß das angeblich überwundene und verschwundene Ganze eines Tages wieder »anschwellen« könnte, einem Wirbel gleich, der »die Vernunft (...) aus ihren geschickten Verhaftungen löst«.

Was ist ein Dichter? Ich weiß es nicht. Was ist Botho Strauß? Der Dichter meiner Generation, das weiß ich. In frühen Jahren zeigten mir seine Theaterfiguren, wie sich mein Glaube und meine Empfindungen von mir trennten, wie die Dinge überhandnahmen, wie die Vereinzelung zu herrschen begann. Inzwischen hat sich der Zerfall ins Allzuviele weiter beschleunigt, die bunte Liste wird lang und länger, die Welt platt und *platter.* Die Perfektion jedoch, mit der Strauß die Beschleunigung dieses Prozesses beschreibt, läßt so etwas wie eine Urschrift durchschimmern. Da zeigt sich hinter dem Vielen das Eine – nicht das Eine des Todes, das Eine der Kunst.

platter: Die Treppe! Da ist sie wieder. Präziser: Da war sie mal, da verrät sie sich in der Schwundstufe (siehe *L'esprit de l'escalier*).

Zu seinen Lebzeiten wurde Tschechow vorgeworfen, daß er, statt der Revolution das Wort zu reden, unbe- deutende Menschen auf die Bühne stelle und sich so ba- nalen Dingen wie einem Notizbuch oder den Stühlchen im Kinderzimmer widme. Dieser Vorwurf hat sich längst ins Lächerliche erledigt. Wenn die Kirschbäume gefällt werden, ahnen wir, daß die Gärten, in denen man früher zu Gast sein durfte, für immer verschwun- den sind.

Botho Strauß wird es ähnlich ergehen. Sollten kom- mende Generationen wissen wollen, wie sie wurden, was sie sind, werden sie in seinen Theater- und Gedan- kenstücken die »tausend Spleens und Richtigkeiten« ih- rer Vorfahren finden, unsere Hypochondrien und Phan- tomschmerzen, unsere Fragen und Irrtümer. Das wird sie amüsieren, auch ein wenig erschrecken, und zugleich werden diese Künftigen aus der großen Sonderung, die Botho Strauß vorgenommen hat, einen einzigartigen Sprachklang heraushören, also ein Ganzes, also den Triumph über unser Büßen und Vereinsamen und Ver- fallen.

Der Dichter bestellt irgendwo draußen in der öst- lichen Prärie seinen *Garten,* meist al- lein mit Kater Konrad, hinter ausge- storbenen Dörfern, überwachsenen Pfaden und einer von Schnellzügen durchrasten Bahn- station. Ich wünsche ihm die Heiterkeit, den ganz gro- ßen Ruhm gelassen zu erwarten. Daß bei ihm hie und

Garten: Zur Zeit seiner größten Erfolge setzte sich Strauß ab – um als Gärtner zu arbeiten.

da der Blitz einschlägt, möge er als gutes Zeichen nehmen – auch dann, wenn seine Telefondrähte auf mehrere Kilometer verschmoren. So telefonieren die Götter mit ihren Lieblingen und sorgen erst noch dafür, daß denen die Szenen für ihre Komödien nicht ausgehen.

Reaktionäre Rebellen

Friedrich Schiller überblickt meine Heimat, die Urkantone der Schweiz, wie ein kreisender Raubvogel, dem keine rennende Maus entgeht. Er kennt die Fluren und Felsen, das Leuchten der Firne und das Grauen der Abgründe; er weiß, wie der Föhn, der älteste Urner, den milchgrünen See zu dahineilenden Roßmähnen aufpeitscht, und im dunklen Bergwald sieht er die Nebelflocke, die sich wie ein verlorener Frauenschleier um ein Tännchen wickelt. Als er den *Tell* schrieb, hatte er sein Weimarer Arbeitszimmer mit einer *Genauen SpecialCharte von dem Vierwaldstättensee und den umliegenden Cantons* tapeziert, er benutzte historische Tabellen und alte Chroniken, und vor allem hatte er einen exzellenten Informanten: Goethe. »In Schillern«, sprach Goethe am 18. Januar 1827 zu Eckermann, »lag das Naturbetrachten nicht. Was in seinem Tell von Schweizerlocalität ist, habe ich ihm alles erzählt.«

Die Arbeit am *Wilhelm Tell* – es sollte sein letztes fertiges Stück werden – fiel Schiller schwer. Der Premierentermin. Die Schwiegermutter. Ein schlimmer Katarrh und Besucher, Besucher. »Nun führt mir der Dämon«, stöhnte er, »auch noch die französische Philosophin hierher«, Madame de Staël. Deshalb war Schiller für jede Hilfe, jeden Hinweis und vor allem für Goethes intime Kenntnis der Schweizer Landschaft dankbar und nahm, was er bekommen konnte, aber uns Ureinwohner sah der Raubvogel mit eigenen Augen, dafür brauchte er weder Goethe noch Unterlagen, und schon hier, an der Schwelle meiner Überlegungen, sei es behauptet: Im *Tell* sind wir Schweizer getroffen. Schiller hat uns durchschaut.

Interessanterweise kam es in diesem Punkt zwischen Regisseur Goethe und Autor Schiller zum Probenkrach. Schiller, schimpfte Goethe, sei »nicht für vieles Motivieren«. So greife Tell, eigentlich ein vorzüglicher Vater, ohne Widerrede zur Armbrust, um den Apfel vom Kopf des Sohnes zu schießen. »Dies war nun ganz gegen meine Natur«, bekannte der Regisseur, »die Grausamkeit sollte motiviert werden«, aber nein, es bleibt dabei: Der knorrige Alpenschrat setzt nicht zum Monolog an, nur zum Schuß: »Es muß!« Dann knallt's. Jawohl, so sind wir.

In seinem grandiosen Buch *Goldener Ring über Uri* (1941 erstmals erschienen, 1991 bei Ammann wieder aufgelegt) erklärt der Urner Sagenforscher Eduard Renner den »Gestaltenwandel«. Ein Senn, der eben noch seine Herde gemolken hat, wird handkehrum zum Priester, der den Alpsegen über das dämmernde Tal ruft. Das heißt, derselbe wird unmotiviert ein anderer: der Melker ein Gottesmann. Die katholische Kirche führte

Krieg, um diesen Brauch auszurotten. Einzig und allein dem Priester sollte es gegeben sein, Wandlungs- und Segensworte zu sprechen, und nur die Kirche, gebot Rom, nicht das Vieh, dürfe läuten. Aber die Sennen beharrten auf ihren Riten, und zum Erstaunen der Welt war ihr Widerstand gegen die sonst überall siegreiche Religion erfolgreich. Es muß! Schwur! – und die Herden läuten bis zum heutigen Tag. Auch der Alpsegen konnte sich halten. Wer in höhere Regionen steigt, kann bei einbrechender Dämmerung eine uralte, leiernd gesungene Litanei vernehmen, von fern her über die Trifte tönend, für Mensch und Vieh um guten Schlaf bittend, bannend die Geister der Nacht – die Gestalt des Hirten ist sein Wandel.

Einmal im Jahr, zur Fasnacht, frönt auch das Tal diesem Brauch. Dieselben dürfen andere werden, ganze Dörfer kippen frohgemut in die Anarchie. Nimmt das Hexlein, das einem so rasant in die Hose gegriffen hat, um Mitternacht die Maske ab, wird man bleich. Es kann die Bezirksrichterin sein. Oder die eigene Schwiegermutter. Alpenmagie. Gestaltenwandel. Der biederste von allen, Tell, wird zum Attentäter; eine eher tumbe Sozietät, »dieses Volk der Hirten«, verwandelt sich in eine »Gemeinschaft der Freien«, und unter dem Mondregenbogen (von dem Goethe Schiller erzählt haben muß) ist aus einer mageren Uferwiese am Urner See der Altar der Demokratie geworden. »Eher den Tod, als in Knechtschaft leben.« Schwur! »Und uns nicht fürchten vor der Macht der Menschen.« Schwur! Es muß! Und es ward. Dann »gehen alle in größter Ruhe ab, und über den Eisgebirgen« strahlt die Sonne auf.

Ludwig Börne dachte wie Goethe. Man müsse sich wundern, schrieb er, daß Tell, »ein so geringer Mann, bei einer fürstlichen Tat Gevatter« stehe. Durch dessen »linkisches Benehmen, das im Angesicht grenzenlosen Elends und unermeßlicher Berge abgeschmackt« sei, lasse Schiller das Ernste lächerlich werden. Börne verkannte den Kern von Schillers Dramaturgie. Wenn die Zeit reif ist, wie in den Urkantonen oder zu Paris, weht ein neuer Wind, und es liegt in der Natur des Geschehens, daß ein geringer Mann, ein verstockter, ja naiver Einzelgänger, zum Fanal der »fürstlichen Tat« werden kann. Miteins ist er ein anderer, seine Pfeile treffen, der Aufstand bricht los – es muß! Und es ward.

Alpenmagie. Gestaltenwandel. Christoph Blocher zum Beispiel. Als Führer der rechtsliberalen Volkspartei dominiert er seit Jahren die Schweizer Politik. Blocher, der Redner, wirkt eher bieder, doch kann man ihn verkennen, wie Börne den Tell verkannte. Denn derselbe Blocher, der gern Heimat, Herd und Scholle beschwört, operierte als Chemieunternehmer global; derselbe, der gegen die ihm verhaßte Nomenklatura polterte, führte als Bundesrat das Eidgenössische Justiz- und Polizeidepartement, und während er gerade dabei war, das Schweizer Asylgesetz zu verschärfen, machte es derselbe Blocher, jetzt in der Gestalt eines privaten Mäzens, durch

»einen größeren Produktionsvorschuß« sowie durch eine millionenhohe Defizitgarantie möglich, daß das Nationaltheater Weimar Schillers *Wilhelm Tell* im zweihundertsten Jahr seiner Entstehung an einem der Originalschauplätze, auf der Rütliwiese, aufführen konnte.

Nun stand auch mir ein Gestaltenwandel bevor, ich sollte zum Theaterkritiker werden, und zugegeben, ich scheute mich davor, die Seiten zu wechseln und als einer jener *miesepetrigen, besserwisserischen, übellaunigen Naserümpfer,* unter denen ich als Autor zu leiden habe, tätig zu werden. Doch der Wandel vollzog sich – »ohne vieles Motivieren«. Schon morgens, beim Aufwachen, fühlte ich mich unwohl, beim Morgenkaffee bekam ich Kreuzschmerzen, die Hitze empfand ich als drückend, die Reise als lästig, und bevor das Stück begann, war ich mit meinem Urteil fertig.

miesepetriger, besserwisserischer, übellauniger Naserümpfer: Über mein Stück *Stichtag* schrieb Gerhard Stadelmaier, der Theaterkritiker der FAZ: »Der dithyrambische Sennenbub möchte im Blut waten, patscht aber nur in der Milch herum.« Aua! Dieser Pfeil hat getroffen, und leider ist er nicht der einzige, der aus meiner Theaterbrust hängt.

Natürlich hatte ich recht. Wenn sich der Vorhang öffnet, schreibt Schiller vor, hört man das Läuten der Herden. So sollte zum einen die urchige Landschaft entstehen und zum andern ein Anklang an die Pariser Revolution evoziert werden – das damalige Publikum wußte, daß in Paris das Volk die Glockenseile in die Hand genommen und zum Sturm auf die Bastille geläutet hatte. Deshalb endet die erste Szene, die lieblich beginnt, im großen Gewitter. Der See, der eben noch gelächelt hat, heult auf. Das Wetter wendet. Es muß, und es wird!

Was ich beim Wiederlesen des Stücks (auf der Hinfahrt, im überfüllten Zug, zwischen kreischenden Kindern) geahnt hatte, bestätigte sich sofort. Schillers Wetterdramaturgie ließ sich unter freiem Himmel nicht nur nicht umsetzen – sie wurde dauernd widerlegt.

Allerdings lag das weniger an der grandiosen Naturbühne, sondern daran, daß die Gastspieler aus Weimar weder für den Ort noch die Geschichte das geringste Gespür mitbrachten. Es wäre ja möglich gewesen, daß wir zu Beginn der Inszenierung für einen Moment in der Dämmerung verharrt und von den umliegenden Alpen das uralte, keiner Macht jemals gewichene Läuten vernommen hätten, doch nein, eine Musik, die eher ins Kino gepaßt hätte, deckte Schillers andächtigen, hintergründigen, gewitterschwangeren Anfang mit einer Tonsauce zu. In der Folge wurde jeder Wettersatz eliminiert, leider auch dann, wenn er für die Handlung nötig gewesen wäre; zum Beispiel: Als der gefangene Tell im Boot des Landvogts abgeführt wird, braust erneut der Föhn auf, dank der aufgewühlten Natur kann Tell sich retten. Dank der Natur – nicht weil er ein Supermann ist. Wer den Wind streicht, nimmt dem Jäger und Alpenwanderer seine Verbindung zu Landschaft und Wetter, nimmt der Handlung das Gerüst und dem Stück den revolutionären Atem.

Nun gut, daß sie im lauen Sommerabend mit Wogen und Nebeln ihre Not hatten, konnte ich nachvollziehen. Aber warum verweigerten sie uns den Ort des Geschehens? Warum wurde das Stück auf dem Rütli gespielt, wenn die eigentliche Kunstanstrengung darin bestand, uns den Originalboden, der das Ereignis ausmachen sollte, zu entziehen? Günther Uecker, ein bildender Künstler, hatte mit 26 riesigen, aus je drei Baumstämmen gefügten Rammböcken die Wiese mit einer Lawinenverbauung verschandelt, so daß die Schauspieler aus Weimar uns Schweizern vorführen mußten, daß sie alles andere als klettertüchtig waren. Attinghausen, für die Strapazen wohl zu alt, dämmerte von Anfang bis Ende in einem Piratenausguck vor sich hin, und beim Schwur, der ja hier, auf dieser Wiese, stattgefunden hat, erklommen sie selbdritt die Spitze eines Rammbocks, wo sie dann wie Monteure in luftiger Höhe ein Schwätzchen hielten. Nach der Devise: »Nur ja kein Pathos, Leute!« wurde der Text in TV-Manier in die Mikroports genuschelt und dröhnte aus sarggroßen Lautsprechern als Dauergeplapper in die Nacken des Publikums, nichts anderes ausdrückend als die Hasenfurcht heutiger Theatermacher vor dem Pathos des Jambenmeisters. Da es nichts zu sagen, auch nichts zu verschweigen gab, posierte Tell mit der Armbrust wie Winnetou mit der Silberbüchse, Bertha von Bruneck hüpfte als hysterische Fee im Stangenwald herum, und um das Ganze vollends ins Absurde zu treiben, geisterte der Kaiser- und Vatermörder Johannes Parricida, der bei Schiller erst gegen Ende auftritt, mit teils stückfremden Zitaten durch die gesamte Schauhandlung. Zum Schluß stolzierte Tell nach links, was mir vernünftig erschien, dort lag die Dampferstation, die Statisterie jedoch wandte sich nach rechts und brüllte: »Heil, Tell!«

Hatte der Schauspieler den falschen Abgang erwischt? Oder galt die Huldigung einem andern? Verbarg sich in den Seitenbüschen zur Rechten der große Mäzen?

Noch in der Nacht floh ich zu Schiff nach Altdorf. Hier, im Hauptort des Kantons Uri, spielt die Bevölkerung seit dem Ende des 19. Jahrhunderts etwa alle fünf Jahre und auch heuer Schillers *Wilhelm Tell* – Hansjörg Schneider hatte das Stück bearbeitet, Louis Naef führte Regie. Ich durfte eine Probe besuchen, und die Verstimmung, die ich mir auf dem Rütli geholt hatte, baute sich mehr und mehr ab.

Naef und Bernadette Meier (Bühnenbild und Kostüme) haben das Stück in die Zeit seiner Entstehung verlegt. Damals war unser Land von napoleonischen Truppen besetzt, die politische Situation war angespannt, das Elend groß. Zwar bekam die Schweiz eine moderne Verfassung, der Bürger wurde freier, aber die Besatzer mußten versorgt werden, und Napoleon verlangte Soldaten für seine Feldzüge. Eine neue Zeit brach an, das Wetter wendete, und natürlich ging das ohne

Stürme, ohne Widersprüche nicht ab, weshalb Schiller seinem Stück wider die Tyrannei einen spannenden Diskurs über das Zwiespältige der Revolution einschrieb.

Waren die Verschwörer wirklich auf etwas Neues aus? Der Begriff Revolution – Dieter Borchmeyer hat es nachgewiesen – stammt aus der Astronomie und bezeichnet den in sich zurückkehrenden, kreisförmigen Umlauf eines Gestirns. Auf die Sennen, die sich die Glocken nicht nehmen ließen, und auf die Rütliverschwörer, die ihre alten Rechte einforderten, traf dies zu. Sie kämpften für das Alte, nicht für das Neue – für sie, auch für Schiller, war die Freiheit eine ewige Idee, ein höchstes Gut, wahr auch dann, wenn es sie hienieden noch niemals gegeben hätte. So mußten die Urner, Schwyzer und Unterwaldner auf dem Rütli zwei verschiedene Gestalten in sich vereinen: den Reaktionär und den Rebellen, und dieser Januskopf – ich habe es eingangs behauptet – sitzt uns bis heute auf dem Rumpf. Ja, so sind wir. Reaktionäre Rebellen. *Rebellische Reaktionäre.*

Rebellische Reaktionäre: Ist unser Widerstand gegen die EU von gestern? Oder von morgen? Fest steht: Zu dem supranationalen Gebilde, das die Vaterländer in sich auflöst, wollen wir nicht gehören. Nie! Und sollte es dennoch so kommen, werde ich meinen vorletzten Gestaltenwandel vollziehen und gemeinsam mit meinen alten Militär-

Im letzten Stück, das er auf die Bühne brachte, stimmte der Dichter, der mit seinen *Räubern* so furios begonnen hatte, zugleich ein Sturmlied und einen Abgesang an. Er träumte den Traum einer revolutionären Eidgenossenschaft, doch legte er die Parole – »Seid einig – einig – einig« –

nicht einem zukunftsträchtigen Jüngling, sondern Attinghausen, einem Greis, auf die sterbenden Lippen. Revolutionärer Atem? Ja, und zugleich ein letzter Hauch, ein leises Verröcheln. Erneuerung? Ja, doch verfloß dem bereits kranken Dichter das Pathos immer wieder in die Resignation, endete der strahlende Sommertag im schwarzen Gewölk. »Jede Straße«, sagt Tell in der Hohlen Gasse, »führt ans End der Welt.«

Gespannt sah ich zu, wie der Regisseur und Thomas Gisler, der Altdorfer Tell, von Beruf Schreiner, an einem Auftritt arbeiteten. Tell kehrt aus den »Eisgebirgen« zur Familie zurück. Er gibt den guten, etwas linkischen Vater und verrät im zärtlichen Umgang mit seiner Armbrust, daß er zugleich ein anderer ist: der Jäger, der Alpenwanderer. Sein Tun und Lassen will er nicht begründen. Er ist, wie er ist. Verstockt. Düster. Tumb. Statt langer Erklärungen sondert er Sentenzen ab, und siehe da, hier klang »die Axt im Haus« völlig authentisch. Auch die Wetterszenen gelangen. Alle Laienspieler, die probend auf der Bühne standen, hatten Schillers mythische Natur am eigenen Leib erlebt, und das Pathos der voranstürmenden Jamben machte ihnen keine

kameraden (Geb Füs Bat 48, III. Kompanie) in die Berge ziehen. Wir kennen uns seit der Rekrutenschule (Bellinzona, Sommer 1969), und keiner von uns hat vergessen, wo in den Pfeilern der Autobahnbrücken, in den Sockeln von Strommasten und in den Staumauern die Sprengladungen sitzen. Die Brüsseler Bürokratie-Stalinisten seien gewarnt! Wenn man uns Innerschweizern die alten, verbrieften Rechte rauben will, werden wir wie in den alten Zeiten die Glocken läuten, dann »treten wir in größter Ruhe zusammen«, heben die Schwurfinger, erbitten den Beistand des Allmächtigen und sprechen im losbrausenden Föhnsturm unser: Es muß!

Mühe. Im Föhn oder unter den drohenden Lawinen, das erfahren sie immer wieder, wird die gewohnte Welt eine andere, und wer überleben will, hat mit dem Sturm, mit der Not zu wachsen. »Ich bin nur ein einfacher Büezer« (Handwerker), sagte mir der Darsteller des Tell, aber wenn es um Leben und Tod geht, ist er plötzlich ein anderer, ein Verschwörer, ein Verweigerer, und sein »Es muß!« erfüllt er mit echtem Pathos.

Der Gestaltenwandel steckt den Altdorfern seit alters in den Knochen, und es ist eine Binse, daß es auf der Bühne und an der Fasnacht gerade die Bravsten am tollsten treiben. Zum Schluß, beim Fall von Zwing-Uri, ließen Louis Naef und Fredy Studer (Musik) das Ensemble in einen alten, anarchisch-dumpfen Tanz ausbrechen, und miteins war ich, der eben noch müde, miesepetrige Pseudokritiker, ein glücklicher, pathetisch gestimmter Zuschauer. Die Altdorfer Verwandlungskünstler hatten mich verwandelt – und Schillers Klassiker zum Leben erweckt. 200 Jahre alt, ist der *Tell* so frisch, frech, in sich zerrissen, wehmütig, dunkel, rebellisch und reaktionär wie am Tag seiner umjubelten Uraufführung in Weimar.

Vogel Oechslin

Als blutjunger Stiftsschüler sah ich ihn zum ersten Mal fliegen. Er machte gerade seine Matura, und wenn er, stets mit den besten Noten, eine mündliche Prüfung absolviert hatte, gönnte er sich einen kurzen Ausflug. Mit wehender Kutte schwirrte er über eine Reihe geparkter Autos hinweg, sprang von der Kühlerhaube aufs Dach, vom Dach auf den Kofferraumdeckel, es knallte, krachte, klirrte, die Polizei kam angebraust, die Feuerwehr, das Militär, Werner Oechslin jedoch, der Menschenvogel, glücklich, dem Zivilisationsmüll eine Dellenspur eingetreten zu haben, setzte sich hoch über den Menschen auf einen First des Klosters und studierte, unberührt vom Gehupe unter ihm, ein altes dikkes Buch, die *Summa* des Thomas von Aquin.

Jahre gingen ins Land. Eines Abends lag ich in meiner Berliner Wohnung auf der Matratze, las im *Faust II* und hoffte, daß *Ute,* meine Freundin, möglichst bald nach Hause käme. Der Kohleofen bullerte, es war Winter und kalt. Da kratzte es an die beschlagene Fensterscheibe. Werner Oechslin, mittlerweile Dozent an der

Ute: Sie erinnern sich – meine Freundin aus dem *Litfin,* wo sie andauernd zum Mittrinken eingeladen wurde, und zwar von den schönsten Kerlen Kreuzbergs. Aber damit kam ich zurecht – unsere Liaison ist nicht an meiner, sondern an ihrer Eifersucht zerbrochen. »Entweder trennst du dich vom Doktor«, sagte Ute eines nachmittags, »oder ich verlasse dich.« »Der Doktor ist mein Lehrer!« »Er raubt dir den Verstand.« »Er offenbart mir die Dinge.« »Du bist ein Riesenarschloch.« Rien ne va plus. Les yeux sont faits. Aus! Aus! Aus! (Siehe *Lehrjahre in Platons Höhle* sowie *L'esprit de l'escalier*)

Freien Universität, war mit einer Studentin auf meinem Fensterbrett gelandet. Anja hieß die Schöne; später wurde sie seine Frau. Da es bei mir nichts zu knabbern gab, luden sie mich in eine Pizzeria ein, und bei einer Flasche Chianti sprach der Menschenvogel von seinen Flügen in den Süden. Wie die meisten seiner Art, überquerte er immer wieder die Alpen, sogar bei dichtem Nebel, bei Schneegestöber und Windgeheul, um dann in Rom oder Florenz einzuschweben, in Parma oder Padua. Dort verehrte man ihn genauso heftig wie in Bonn oder Berlin. Man verehrte ihn, und das gilt bis heute, weil Werner Oechslin ein hochfliegender Geist ist, vielleicht einer der letzten jener abendländischen Metavögel, die aus der Sphärenperspektive unseren Planeten vermessen. Über den Wassern schwebend, macht er sich ein Bild des Ganzen. Er sieht ein Zusammen, wo die meisten nur den Hang sehen, aber nie schaut er von oben auf uns herab, nie plustert er sich auf, nie schlägt er ein Rad. Werner Oechslin ist ein Auge, das schaut, ein Geist, der denkt.

Wieder sind Jahre ins Land gegangen, und nur noch selten sitzen wir im Einsiedler *Klostergarten* bei einem Bier. Wenn er seine Themen berührt, kann ich die Spannweite seiner Schwingen höchstens erahnen, aber nach einigen Gläsern, wenn das Wirte-Ehepaar Ullmann hinter dem Tresen eingeschlafen ist und wir die letzten Gäste sind, glaube ich zu sehen, wie sich unter meinem Freund das Abendland öffnet: in seiner Weite, in seiner Tiefe und in der Schönheit der einbrechenden Dämmerung. Von einer leisen Melancholie gestreift, frage ich ihn, ob es nicht zu spät sei, für alles zu spät, verloren unsere Hoffnung, unsere Schätze versunken für immer.

»Woran arbeitest du?«

»Ach«, stöhne ich, »wieder einmal springe ich mit viel Anlauf in den Papierkorb.«

Da lächelt der weise Vogel, streicht vom Barhocker ab, segelt mit wehendem Mantel aus der Gastwirtschaft und flattert im Mondschein zwischen die schwarzen Bäume seines Gartens. Dort steht sein *Lebenswerk:* die Bibliothek, deren Gebäude Mario Botta entworfen hat. Es ist Bottas bester Bau, außen ein Schiff, innen das Universum – Abertausende von Bänden, Folianten, Broschüren, Skripturen, Kollektaneen, Tagebüchern, Hinter- und Oberwelten, die Wüsten der Kirchenväter, Barockstädte im Erdbeben, Anaximanders Land- und Seekarte, Platons Staat (inklusive Höhle), diverse Sphärenmodelle, Brücken, Stege, Schlösser, Paläste,

Lebenswerk: Oft wohnt ein Innerschweizer (siehe *Reaktionäre Rebellen*) im schattigen Tal und träumt die glühendsten Träume. Er ist es gewohnt, nach oben zu denken. Seine Heimat ist die Vertikale. Das erklärt sich aus der Geographie, aber auch aus der Geschichte. In früheren Jahrhunderten verbrachten sie den Winter im Tal, im Frühjahr ging es eine Staffel höher, und zuoberst, auf den Alpen, wurde jeweils übersömmert. So war das Leben dieser Hirten und Sennen ein stetes Auf und Ab, wie auf einer Treppe. Und nicht selten bekam einer auf der obersten Stufe Flügel und zog weite Kreise. Aber: Den Ursprung vergaß er nie. Da baute und bestellte er sein Haus, oder, wie Werner Oechslin, der Kunsthistoriker und Barockforscher, eine Bibliothek.

Kathedralen, Bordelle und Treppen Treppen Treppen, die durch die Zeiten ins Unendliche führen.

Still! Hören Sie? Jetzt tritt der Vogel ein. Jetzt beugt er sich über seine Bücher – und jetzt hebt er ab. Lauschen wir dem Singen seiner Flügel, hören wir den Ruf in der Nacht.

Die pädagogische Provinz

Meine pädagogische Provinz liegt in einem voralpinen Hochtal inmitten der Schweiz. Es ist das Jahr 1963. November. Der erste Schnee fällt. In den langen, weiß gekalkten Gängen der Klosterschule Einsiedeln stehen in ihren schwarzen Kutten zwei kleine Zöglinge, Bosco Schaller und ich. Wir sind erst seit kurzem hier, schlottern vor Kälte und Heimweh, aber die Tore sind zugesperrt, die Parterrefenster vergittert, und auf den hohen Klostermauern wächst eine Zinne aus Schnee. Da nähert sich eine lange hagere Gestalt mit rundgerillten Brillengläsern. Wir erstarren. Pater Ludwig steht vor uns, der strenge, hoch angesehene, gar als heiligmäßig verehrte Rektor der ehrwürdigen Stiftsschule. Seine knochige Hand greift unter das Skapulier, ein Papierchen zieht er hervor, knüllt es zwischen drei Fingern zusammen, wirft es zu Boden und sagt: »Seht ihr nicht, wie schmutzig es hier ist? Lest das auf!«

Ich bin sprachlos. Bosco Schaller nicht. Er grinst sogar und meint ebenso treuherzig wie tapfer: »Das Papierchen, Herr Pater Rektor, haben Sie eben hingeworfen.«

»Dir werden wir deine Renitenz schon austreiben«,

schnaubt der Rektor und entschwindet in der Düsternis des Winterabends. Der Zögling Bosco Schaller wurde bestraft. Pater Ludwig, der Rektor, erstieg Jahre später den Ätna, beugte sich etwas zu weit über den Kraterrand und verschwand in der Tiefe.

»Die pädagogische Provinz« ist ein *terminus technicus,* den Johann Wolfgang von Goethe in seinem Roman *Wilhelm Meisters Wanderjahre* geprägt hat. Mit »provinziell« im landläufigen Sinn hat der Begriff nichts zu tun, im Gegenteil, unter einer pädagogischen Provinz versteht Goethe eine relativ abgeschlossene, *fiktive,* nahezu *utopische* Sonderwelt für die Heranwachsenden, worin sie sich dem »Bilde der Wirklichkeit« annähern sollen. Diese Provinz ist kein Ort, aber ein Vor-Ort, eine Vorschule der Wirklichkeit. Hier sind wir noch keine fertigen Gebilde, vielmehr Vorstellungen, Entwürfe, Möglichkeiten, kurz: Goethes pädagogische Provinz ist eine Art Roman, in dem die Jugend Kapitel für Kapitel, Seite für Seite an die Realität herangeführt wird.

fiktiv: von lateinisch fingere (bilden, gestalten, entwerfen), meint ein imaginatives Gebilde, die Dichtung.
utopisch: U-topos kommt aus dem Griechischen und heißt Nicht-Ort.

Wie werden wir von Romanfiguren zu wirklichen Menschen? Indem wir, heißt es im *Wilhelm Meister,* das Angebot der pädagogischen Provinz nach Kräften annehmen. Hier, unter idealen Bedingungen, sollen wir Situationen durchspielen und Szenen proben, die uns fit machen für das spätere Leben. Allerdings sieht Goethe im Fitneßprogramm auch Gefahren lauern und spricht, vermutlich als einer der ersten, in diesem Kontext vom »Maschinenwesen«.

Für uns Heutige ist das ein geläufiger Begriff. 1821, beim Erscheinen des *Wilhelm Meister,* hatte das Zeitalter der Maschine eben begonnen, und nicht einmal Goethe wäre auf die Idee gekommen, daß die Jugend eines Tages in eine sie abschleifende Bildungsmaschine hineingeraten könnte. Doch wird er seine Gründe gehabt haben, um die Bildung schon damals vor der Maschine in Schutz zu nehmen. Auch im klassischen Weimar gab es Pädagogen, die dem Irrtum anhingen, die Wörter *discere,* lernen, und *disciplina,* Disziplin, seien sprachgeschichtlich miteinander verwandt. Das stimmt nicht, weder sprachgeschichtlich noch erziehungstechnisch. Deshalb erfand Goethe seine von der Welt *separierte Provinz.* In deren Grenzen, schrieb er, sollen wir uns dem allgemein Menschlichen öffnen und unsere Ehrfurcht wecken »vor dem, was über uns ist«, »vor dem, was unter uns ist« und »vor dem, was uns gleich ist«.

separierte Provinz: Goethes pädagogische Ideen haben in Platons Staat ihren Ursprung (siehe *Lehrjahre in Platons Höhle*). Zudem ließ er sich von Rousseau, Pestalozzi und den von Fichte propagierten Erziehungsgemeinschaften beeinflussen. Was Goethe entwarf, war für seine Zeit eine Sensation – und sollte schöne Folgen haben, unter anderem die Erfindung des Kindergartens.

Wer war an jenem Novemberabend in der Stiftsschule Einsiedeln über mir? Pater Ludwig, der Rektor. Wer war mir gleich? Bosco Schaller, Erstkläßler und Zögling wie ich.

Was war unter mir? Ein Abgrund aus Angst und Unverständnis – die Tat des angesehenen Paters hatte mich sprachlos gemacht. Und wo war ich selbst? Nirgendwo. Eine Leerstelle war ich, eine Null. Aber plötzlich konnte ich mich verorten. Indem ich unter mir die Angst, über mir die Autorität und neben mir Bosco Schallers Tapferkeit wahrnahm, wurde ich mir eines Koordinatensystems bewußt, und damit war auch *ich* gesetzt, nicht mehr als Nullpunkt: als Origo. Mit dem zerknüllten Papierchen hat mein Bildungsroman begonnen.

In der pädagogischen Provinz lernen wir in drastischen Szenen jenes Leben kennen, das uns später, draußen in der Welt, in weit komplizierteren Formen begegnen wird. Derart herrisch und kaltschnäuzig wie mein Rektor in der Stiftsschule baute sich später niemand mehr vor mir auf, vielmehr kam die Macht eher angeschlichen, meist leise, durchaus angenehm, sogar freundschaftlich, aber dank Pater Ludwig, dem Rektor, habe ich sie stets erkannt: an ihrer Art zu atmen. Mächtige sind eitel und hecheln nach allen Seiten um Bewunderung. Sie möchten auf den Sockel, schon zu Lebzeiten.

Aber Goethe meint natürlich nicht, daß wir in der pädagogischen Provinz ausschließlich auf Abgründiges getrimmt werden sollen, vielmehr versteht er seinen Campus als eine Probierwiese, auf dem sich die Jugend frei und im Spiel entfaltet. Das heißt, die Schüler sind für ihren Bildungsprozeß mindestens so wichtig wie ihre Lehrer oder der Schulstoff.

So hat mir der kleine Bosco beigebracht, daß es eine selbstverständliche Würde gibt und eine Renitenz, die das Humane aufrecht hält. Oder Franz Gnädinger – wir nannten ihn Gnagi. Gnagi war ein Genie und schon in der zweiten Klasse des Gymnasiums imstande, sämtliche Aufgaben der Mathematikmatura während des Mittagessens auf einem Freßzettel zu lösen. Eines Nachts hockte er im Schlafsaal auf dem kalten Boden und spickte mit einem selbst gebastelten Wurfmaschinchen ein Zwanzigrappenstück an die Wand. Im Strahl einer Taschenlampe, die er sich wie Daniel Düsentrieb um die Stirn geschnallt hatte, notierte er, wie der Zwanziger landete, Kopf oder Zahl, und entwickelte dann nach eigenen Formeln die Wahrscheinlichkeitsrechnung. Ich lebte in der Furcht, wegen meiner Mathenoten die Klasse repetieren zu müssen, und trotzdem war ich mit Gnagi ein wenig befreundet. Wenn er nachts seine Formeln entwickelte, sah ich ihm staunend zu und erteilte mir dabei eine wichtige Lektion: daß Ehrfurcht »vor dem, was uns gleich ist«, die Fähigkeit voraussetzt, im Gleichgestellten den Höherbegabten zu achten. Das ist gar nicht so einfach. Den meisten von uns gelingt es besser, mit einem armen Teufel Mitleid zu haben, als einem Engel seine Gnade zu gönnen.

Oder Josef Schärer. Er war der fröhlichste von uns, ein Bauernsohn, den nichts aus der Ruhe brachte. Wie ein gutmütiger, von allen geliebter Bär tappte er durch die pädagogische Provinz, schloß als erster von uns sein Studium ab, verlobte sich mit einem zauberhaften Mädchen, erstieg zwei Wochen vor der Heirat einen Berg und sprang in den Tod. Warum? Niemand weiß es. Josef ließ ein Geheimnis zurück. An seinem Grab waren wir zum letzten Mal versammelt, der ganze Jahrgang, dann trennten sich unsere Wege und Werte und Welten. Aber alle, denke ich, haben den Verband von damals noch genau im Gedächtnis, denn jeder von uns hat in der Galerie der Klasse an einer bestimmten Stelle sein Porträt aufgehängt: der Leitwolf, der Clown, der Bücherwurm, der Primus, der Außenseiter, der Don Juan, der Musiker, der Frühvollendete, der Kränkelnde, der Schleimer, der Scheue und der, der immer zu spät kommt. So näherten wir uns »dem Bilde der Wirklichkeit« an, der eigenen Persönlichkeit, und alle miteinander lernten wir die wunderbare Vielfältigkeit der Typen, Talente und Temperamente kennen, kurz: Jeder von uns wurde im »allgemein Menschlichen« ein konkreter Fall.

Und die Lehrer?

Rufen wir uns in Erinnerung, daß die pädagogische Provinz eine Romanwelt ist, wird sofort klar: Jene Lehrer sind die besten, die sich zu einer Type zugespitzt haben, gewissermaßen zur Karikatur ihrer selbst. Lernen ist nachäffen, und je leichter Sie sich treffen lassen, meine Damen und Herren mit dem schönsten, schwierigsten und schwersten Beruf der Welt, desto selbstverständlicher eignen sich die Schüler Ihr Wissen an. Legen Sie sich Marotten zu! Seien Sie so schräg wie möglich! Vergessen Sie nicht, vor Ihnen sitzen lauter Nullen, lauter Leerstellen, und wie läßt sich eine Null am einfachsten in eine Origo verwandeln? Durch ein Original, durch was denn sonst.

Ein negatives Original war für mich jener Rektor, der im Ätna sein pompöses Grab gefunden hat, und ein *positives* war Pater Kassian, dem ich durchaus zutrauen würde, daß er eines Tages in die andere Richtung flattert, den himmlischen Gefilden entgegen.

Pater Kassian war unser Physiklehrer. Er liebte es, mit gefährlichen Stoffen zu experimentieren, und trieb sich spekulativ im All herum. Er verstand es, sogar mich für physikalische Vorgänge und Formeln zu begeistern. Er war ein exzellenter Lehrer, weil er uns mit seiner Leidenschaft ansteckte. Meist hing ihm eine brennende Zigarette aus dem Mundwinkel, das erhöhte die Gefährlichkeit seiner Experimente, und mehr als einmal tauchte die ganze Klasse in Erwartung von Kassians vorzeitiger Himmelfahrt unter die Bänke.

Das Pult, hinter dem er rang und hantierte, war lang

positiv: Auch Pater Erlebald müßte ich erwähnen (siehe *Schreiben*): Die meisten Bücher, die in meinem Lebensgestell stehen, etwa Jean Paul (siehe *Angewandte Unendlichkeit*), hat mein Deutschlehrer am Gymnasium für mich ausgewählt. Dabei ging er äußerst raffiniert vor. *»Faust II?«* fragte er in die Klasse hinein, »Sie wollen, daß ich mit Ihnen *Faust II* lese?! Vergessen Sie's, meine Herren. Dafür sind Sie zu blöd.«

wie ein Tresen und von vergessenen Zigaretten und mißlungenen Demonstrationen brandgefleckt. Darauf irrten weiße Mäuse herum, und es kam vor, daß sich der Physiklehrer im Eifer des Dozierens an deren Punktaugen wandte, nicht an uns. Bilder von Pauli und Einstein hingen an den Wänden. Schiefe Gestelle waren mit alchimistischen Folianten vollgestopft, und auf den Käfigen, worin sich auch eine Schlange ringelte, lag allerlei Gerümpel herum: Globen, Atlanten, leere Flaschen, ein Satz Hanteln, ein Bündel Liebesbriefe, der Rumpf eines Skeletts und anderes mehr. Ein Chaos, doch mit System, ein kassianisches Sphärenmodell, das er wieder und wieder in Frage stellte, zerstörte, entwarf, erschuf, Faust und Mephisto zugleich, die Kutte wehend, die Zigarette glühend, verliebt und verbohrt in sein Fach, stets genau, übergenau, oft nah am Wahn, jenseits der Grenze, jedoch ansteckend, jedoch mitreißend – indem er sich keinen Deut darum scherte, was wir begriffen, was nicht, ließ er uns im Sog seiner Auffahrten jene Schächte erblicken, jene Treppen, die aus Platons Höhle nach oben führen, zu den Sternen, zu den Göttern.

»Hürlimann, Sie Pflaume, hören Sie sofort auf! Aufhören! Das ist ja furchtbar, was Sie da verzapfen.«

»Die Wahrheit.«

»Die Wahrheit?! Wollen Sie tatsächlich behaupten, Pater Ludwig habe sich in den Ätna gestürzt? So ein Unsinn!«

»Verzeihen Sie, Pater Kassian, ich dachte wirklich ...«

»Es war der Stromboli, Sie Knallfrosch.«

Stimmt. Pater Kassian hat recht. Mit flatternder Kutte und einem gellenden Schrei ist Pater Ludwig, der Rektor der Stiftsschule Einsiedeln, im brodelnden Krater des Stromboli verschwunden – Friede seiner Asche.

L'ESPRIT DE L'ESCALIER
Über die Treppe

Wir nannten ihn Doktor. Er war Assistenzprofessor an der FU Berlin, seine Vorlesungen hatten Kultstatus, und wer den Zugang zu seinen Seminaren suchte, mußte sich in seiner Wohnung am Kurfürstendamm zu einem persönlichen Gespräch einfinden, wozu er Tee und Schokoladenplätzchen kredenzte. In meinem Fall stand der Doktor nach wenigen Minuten auf, sah mich mit stahlblauen Augen an und sagte: »Die Philosophie ist nicht Ihr Fach. Dafür haben Sie kein Talent.«

Er begleitete mich zur Tür, und erst jetzt bemerkte ich, daß im hohen weißen Wohnzimmer ein einziges Bild hing: eine Landschaft mit Treppe, auf der untersten Stufe ein Junge, auf der obersten ein Mädchen. Ich blieb stehen, wie gebannt. »Der Junge sind Sie«, sagte ich, er nickte, worauf ich, ohne nachzudenken, fortfuhr, der Junge sei gut getroffen, er wirke frisch und lebendig, während mir das Mädchen, wohl seine Schwester, trotz lächelnder Lippen und rötlicher Wangen wie eine Tote erscheine. Der Doktor schwieg eine Weile. Dann erlaubte er mir, an seinem Seminar teilzunehmen.

Was war passiert? Ich hatte ins Schwarze getroffen. Das Ölgemälde zeigte ihn selbst, den Doktor, als Knaben und seine ältere Schwester, die im Dezember 1944, beim großen Bombardement von Hannover, im Elternhaus verbrannt war. Von diesem Haus, einer Villa, war nur die Treppe übriggeblieben. Deshalb hatte der unbekannte Künstler, der Jahre später, um 1950 herum, im Auftrag der Eltern *beide* Geschwister, das tote und das überlebende, in einem Bild vereinigen sollte, die sinnlos aus der Trümmerlandschaft ragende Treppe in den Mittelpunkt des Bildes gesetzt. Sie verband den Jungen mit der Schwester, doch bestand zwischen ihnen nicht nur die Distanz mehrerer Stufen, sondern ebenfalls eine Differenz, die sich aus der Malweise ergab. Der Junge war nach dem Leben, das tote Mädchen nach einer Fotografie porträtiert. So zeigte der Junge, damals siebenjährig, mit seinen stahlblauen Augen dem Betrachter ein freches, vifes Grinsen, während das Mädchen etwas Flächiges und Verklärtes hatte – als wäre sie in einer fernen, längst versunkenen Zeit erstarrt.

Vor dem golden gerahmten Ölbild hat im November 1974 die wichtigste und komplizierteste Phase meiner Lehrjahre begonnen. Ich wurde zum Schüler des Doktors, und zu seiner Erinnerung spreche ich nun über die Treppe.

Die Mutter aller Treppen verbirgt sich in Platons Gleichnishöhle. Sie führt aus dem Dunkel der Täuschungen zum wahren, sonnenbestrahlten Sein empor, von der Unter- in die Überwelt. Das bedeutet, auf Platons Treppe kann man nur auf-, niemals absteigen, und eben dies war über viele Jahrhunderte, bis zu Hegel, das vornehme Geschäft der Treppe: uns emporzutragen, uns aufsteigen zu lassen. Selbst wir Heutigen, die Generation Lift, verbinden mit der Treppe eine Schwingung nach oben – unsere Körpersprache verrät es. Wer das Wort Wendeltreppe gestisch unterstützt, wird mit dem Finger immer nach oben spiralen, nie nach unten.

In Platons Höhle ist jedem Bewohner ein fester Platz zugeteilt, eine Art Kinositz, denn im Rücken der Sitzenden befinden sich eine Öffnung und ein Feuer, davor wandeln Figuren auf und ab, und die Schatten, die diese Figuren auf die Leinwand werfen, sieht das Höhlenkinopublikum für die Realität an. Klar, hier könnte man sitzen bleiben, die vermeintliche Realität, die nur Schein ist, kommt einem nie zu nah. Aber die Außenwelt lockt, mit der Zeit wird einem der ewig gleiche Film ein bißchen langweilig, und ohne zu bedenken, was dich erwarten könnte, stehst du plötzlich auf. »Ich wage es«, rufst du den anderen zu. »Ich gebäre mich aus der Höhle ins Leben. Ich nehme die Treppe.«

Mutig gehst du los, das heißt, du hebst den Fuß, aber bevor du ihn auf der ersten Stufe abstellen kannst, wirst du erfahren müssen, daß man einer Mythenhöhle nur als tragische Figur entkommt. Auf einmal hast du einen Klumpfuß wie Ödipus; wie Sisyphos sollst du einen

Stein vor dir herwälzen und wie Christus ein schweres, zu deiner Tötung bestimmtes Kreuz nach oben schleppen. Bitte sehr, dann schleppen wir halt, sagst du dir und machst dich an die Erfüllung deiner Aufgaben. Als würdest du flüssiges Blei durchstapfen, hievst du den Fußklumpen von Stufe zu Stufe, rollst den Stein und trägst dein Kreuz. Der Stein poltert immer wieder nach unten, und das Kreuz beginnt auf deiner Schulter wie ein Baum zu wachsen, es treibt Wurzeln, Äste, Blüten und bringt dich, je höher du kommst, desto schlimmer zu Fall. Erst schlägst du dir an den rohen, aus dem Felsen gehauenen Stufen die Knie blutig, dann das Kinn, die Stirn, die Nase, und wenn du, vom Stein überrollt, vom Kreuz begraben, mit deinen gebrochenen Gliedern zum hundertsten Mal auf dem Bauch liegst und hoch über dir einen Lichtriß erblickst, läßt sich der Verdacht, du könntest den falschen Weg gewählt haben, nicht mehr verscheuchen. Ist die Treppe zum Ausgang tatsächlich so lang? Bist du in ein Labyrinth geraten? Lauert der Minotauros auf dich? Wo bleibt Veronika mit dem Schweißtuch, wo der nette Passant, der dir tragen hilft? Wie sollst du das wissen – bisher hast du mit Täuschungen gelebt, mit Bildern und Projektionen, und erst jetzt, im hilflosen Versuch, durch diesen verdammten Schacht in die Wirklichkeit zu gelangen, lernst du sie allmählich kennen. Tage vergehen, dann Monate, schließlich Jahre, und immer öfter passiert es dir, daß du vergißt, wozu du angetreten warst.

Aber die Sehnsucht nach Licht und Luft wirst du nie ganz los, und ohne sagen zu können, ob du die richtige Richtung getroffen hast, machst du dich mit deinem Mythengepäck erneut auf den Weg zu jenem weit entfernten Ende hinauf, wo tagsüber der Riß leuchtet und nachts inmitten der Finsternis eine blaue Blume blüht. Nach weiteren Wochen, Monaten, Jahren ahnst du, daß dein umständliches Steigen, Kreuzschleppen, Steinrollen und Klumpfuß-Hochhieven die Treppe nicht etwa bezwingt, sondern verlängert, und in einer Mittsommernacht, da die blaue Blume in ihrem Kelch einen winzigen Stern erglitzern läßt, kannst du förmlich sehen, wie die letzten Stufen ins Unendliche übergehen. »Aber ich wollte doch in die Wirklichkeit«, rufst du aus, und wie ein irres Gelächter fällt das Echo deines Schreis in die Tiefe. Als es verklungen ist, liegst du zum tausendsten Mal auf dem Bauch, ein nackter, verrunzelter Greisenkörper, und was du für deinen Bart hältst, ist vertrocknetes, über mehrere Stufen lappendes Blut. Hast du dir beim Aufprall eine Hirnerschütterung geholt? Nein nein, dein Verstand ist vollkommen klar, so klar wie noch nie – du näherst dich mit allmählich versiegenden Kräften deinem Ziel. Umgekehrt, das Ziel nähert sich dir. Auf der obersten Stufe offenbart sich die Wirklichkeit.

»Ein Kaiser kann nicht im Lift fahren«, schreibt der Dichter Reinhold Schneider in seinem Abschiedsbuch

Winter in Wien. Stimmt, in der Wiener Hofburg transportierten Lifte Speisen und Waren, niemals Ihre Majestäten und deren Entourage. Das hatte einen Grund. Das Geheimnis der Treppe, ihre Verwandlungskraft, war dem Hof stets gegenwärtig: Indem die Herrschaften über die gelassenen Stufen der säulengetragenen Treppenhäuser emporstiegen, fühlten sie am eigenen Leib, wie sie vom Gewöhnlichen ins Außergewöhnliche erhoben wurden.

Die Zeit der Kaiser und Treppen ist vorbei, aber noch in meiner Jugend, als Klosterschüler, habe ich beobachten können, wie eine Kaiserin die Treppe nahm. Richtiger gesagt: wie eine Treppe die Kaiserin nach oben trug.

Es war am Tag vor Sankt Hilarion und der vernebelte Novembernachmittag kurz vor dem Eindunkeln, als das altertümliche Automobil in den Hof des Abteiflügels hereingerumpelt kam. Das Kloster Einsiedeln kannte diesen Wagen, und vor allem kannte es dessen Hupe. Sie wurde nicht vom Chauffeur, sondern vom Rücksitz aus bedient und tönte wie Ferkelgequieke. Dreimal jetzt das Quieken, und den Mönchen, den Brüdern und uns Zöglingen war klar: Zita ist da, die Kaiserin!

Die Kaiserin lebte seit dem Untergang der Monarchie und dem frühen Tod ihres Gatten, des unglückseligen Kaisers Karl, im Schweizer Rheintal im Exil. Sie war eine große Beterin, verehrte die Muttergottes und suchte hie und da den Abt von Einsiedeln auf, Meinradus den Dämmerer, um an dessen ertaubten Ohren lange, schwermütige Beichten abzulegen.

Das Kaisermobil legte an den Stufen zur Pforte an; Graf Gömbös, der letzte Oberchauffeur des untergegangenen Kaiserreiches, öffnete mit einer tiefen Verbeugung den Verschlag, und nun begann ein großer, ein langwieriger Aufstieg, dem wir schwarz bekutteten Zöglinge, im Treppenhaus wie Kadetten aufgestellt, jeweils beiwohnen durften. Die Kaiserin, das Haupt tief gesenkt, die Rechte über den Stock geknauft, stocherte sich mit zittrigen Hieben Stufe um Stufe nach oben. Das Hütchen war nach vorn hin zugespitzt und ließ schwarzen Tüll hervorschleiern, der sich wie ein Sargtuch über den schier waagrechten Rücken legte. Das Steigen mußte für Zitas morsche Knochen, für das gebrochene Herz und die heftig keuchende Lunge eine einzige Qual sein, aber selbst dann, wenn es einen Lift gegeben hätte, würde sie ihn nicht benutzt haben.

Die hallenden Stockhiebe gaben den Takt an, sonst begleitete Stille den Zug, Stille, das Keuchen der Kaiserin und ein Schattenspiel, das von den Glühbirnen der Zwischenetagen über die feucht nach Kalk und Mörtel riechenden Wände geworfen wurde.

Unser Präfekt, der Gütige, und einige seiner Mitbrüder warfen sich flach auf den Boden, um Ihrer Apostolischen Majestät, wenn sie oben ankäme, die Füße zu küssen, und selbst wir Zöglinge, die nachts mit Kopfhörern die Stones hörten, begannen zu ahnen, daß sich im beschwerlichen, jedoch siegreichen Aufgang der Kaiserin eine Metapher enthüllte. Die Treppe hatte sie in eine höhere Sphäre geführt. Oben erwartete sie der alte Glanz der Kaiserkrone. Noch war es nicht soweit, aber drüben, in der Kirche, setzte bereits die Orgel ein, die beiden Türme begannen die Glocken zu schwingen, und über das uralte Gesicht des Gnädigen Herrn, der die Besucherin vor seinen Gemächern im Ornat erwartete, huschte ein Lächeln.

Als Ministrant war ich häufig Zeuge, wie eine einfache, gar verschmutzte Treppe ihre Benutzer verwandelte. Deshalb wurde das sogenannte Staffelgebet »Introibo ad altare« auf der untersten Stufe gesprochen: Es war die Bitte, den Weg nach oben antreten zu dürfen und jene Staffel zu erreichen, die den Priester mit der Aura des Heiligen versah. Den steinernen Stufen folgten die geistigen – so schuf die Treppe jene Rampe, auf der ein gewöhnlicher Mensch zum Gottesmann werden konnte, zum Meßpriester, der aus Brot Fleisch, aus Wein Blut machte.

Noch in den frühen sechziger Jahren ging an Fronleichnam eine Prozession mit dem Allerheiligsten durch die Stadt Zug, die sich an diesem Frühsommertag mit einer ganzen Reihe von Altären schmückte. Die säumten überall dort, wo es Stufen gab, den Weg der Prozession und erhoben die Aufgänge zur Post oder zum

Regierungsgebäude, aber auch zu Wohnhäusern und Mietskasernen, mit Teppichen, frischgrünen Birkenzweigen und Kerzentischen ins Erhabene. Im Alltag eilte man achtlos über diese Stufen hinweg, und nur an Fronleichnam wurde sichtbar, daß der wahre Dienst einer Treppe darin besteht, die Überwelt zu erreichen. Fronleichnam ließ die Treppen der Stadt Zug transzendieren. Indem sie einen Vormittag lang Altäre trugen, stiegen diese Stufen über sich selbst hinaus.

Die Ärmsten der Armen haben dies schon immer gewußt und sich mit Vorliebe auf Kirchentreppen angesiedelt. Für den Obolus, den die Passanten fallen ließen, erhielten sie in der Regel keinen Dank, denn nach dem Gesetz der uralten, in der Treppe immer noch wirksamen Hierarchie siedelten die Bettler eine halbe Etage höher als die, die von unten kamen und froh sein mußten, daß die Bettler bereit waren, ihnen an diesem zugigen Ort den Zoll abzunehmen.

Was legitimiert mich, über die Treppe zu sprechen? Ich bin ein Schüler des Doktors, ich möchte an seine Lehre erinnern, und es versteht sich von selbst, daß ich mich bei meinen Ausführungen an eine bei ihm gelernte Methode zu halten habe. Es war ein schwieriges Lernen gewesen, aber mit der Zeit begann ich zu begreifen, daß mich der Doktor bei meinem Besuch in seiner Wohnung nicht zufällig, sondern mit Absicht vor das Ölbild geführt hatte. Das war die eigentliche Prüfung gewesen.

Er hatte feststellen wollen, ob ich die Eigenschaft besaß, von einem Phänomen berührt, ja beeindruckt zu werden, und in der Tat, diese Eigenschaft besaß ich. Die Treppe in der Trümmerlandschaft, unten der kecke Junge, oben das verklärte Mädchen, war mir ins Auge gesprungen, und zwar so sehr, daß ich noch Tage danach überall Treppen sah, Treppen in der Stadt, Treppen in meiner Erinnerung, ja sogar in Hegels *Phänomenologie.*

Es waren wilde Zeiten, jene siebziger Jahre im alten, mauerumschlossenen Westberlin. Das philosophische Institut wurde von linken Gruppen beherrscht und in unsäglichen Diskussionen, die einen normalen Lehrbetrieb unmöglich machten, in ein »Institut für Gesellschaftswissenschaften« umbenannt. Der Doktor lagerte seine Veranstaltungen aus, und immer öfter wurde aus meiner Kreuzberger Wohnung ein dick verrauchter Seminarraum, worin ich, zum Kellner degradiert, langbärtigen Revoluzzern Kaffee servierte – und die vom Doktor jeweils mitgebrachten Schokoladenplätzchen. Nach dem Seminar pflegte er sich auf einem längeren Spaziergang zu erholen, ich durfte ihn begleiten und freute mich, daß er sich für die Phänomene der südöstlichen Quartiere interessierte, für die dämmrigen Treppenhäuser der Mietskasernen oder für die sieben Stufen, die zum Eingang einer Filiale der Berliner Bank führten. Hier blieb er plötzlich stehen, blickte zur anderen Straßenseite hinüber, auf ein rotbraunes Backsteingebäude, und fragte mich, ob das ein Schulhaus sei. »Ja«, antwortete ich, »für die Unterstufe.«

»Teilen Sie mir bei Gelegenheit mit«, meinte er, »um welche Zeit die Kinder in die Pause gehen.«

Eines Morgens, es war wieder November geworden, las ich den »Berliner Tagesspiegel« – und stutzte. Die Bankfiliale, die ich dem Doktor gezeigt hatte, war überfallen worden. Die Polizei, wegen der RAF stets alarmbereit, hatte den Tatort sofort eingekreist, und die Räuber hätten vermutlich Mühe gehabt, mit ihrer Beute durch die Straßensperren zu kommen. Aber dies hatten sie gar nicht versucht, las ich zu meinem Entsetzen. Nach dem Überfall waren sie mit ihren Sporttaschen, worin das geraubte Geld steckte, in aller Ruhe aus dem Schalterraum geschlendert und hatten sich vor dem Eingang auf die Stufen der kleinen Treppe gesetzt. Zufällig – oder nicht so zufällig, sondern von einem genialen Hirn bedacht – strömten gerade zu dieser Zeit die Schüler des gegenüberliegenden Schulhauses in die Pause. Die bärtigen Räuber, die trotz Alarmgeschrills seelenruhig vor der Bank hocken blieben, winkten die Schüler herbei, griffen in die Sporttaschen, worin sie nicht nur die Beute, sondern auch Schokoladenplätzchen mit sich führten, und verteilten diese an die erfreut kreischende Schülerschar. Der dreiste Plan ging auf. Bevor die Polizei, die die Täter immer noch im Schalterraum vermutete, zum Sturm überging, ließ sie die Kinder und die netten Plätzchenverteiler in Sicherheit bringen – samt den Sporttaschen mit dem geraubten Geld. Die Stadt grinste. Ich nicht. Die Treppe. Da war sie wieder! Ich wurde die Treppen nicht mehr los, und so wie es aussah, war nicht nur der Doktor, sondern auch ich, sein unschuldiger Tippgeber, in diesen Überfall verwickelt.

Als ich meiner Freundin Ute erklärte, die Schokoladenplätzchen legten den Verdacht nahe, daß kein anderer als mein verehrter Lehrer den ungewöhnlichen Bankraub geplant habe, schrie sie: »Dieser Doktor raubt dir den Verstand!«

O nein, ganz im Gegenteil! Die Wahrheit, meinte der Doktor mit Heidegger, entbirgt sich. Das Seiende begegnet uns. Und war es nicht so? Natürlich war es so. Bisher hatte ich mir die Wirklichkeit nach meinen banalen, bürgerlichen Vorstellungen zurechtgebogen; ich hatte mich in einer Täuschungsblase befunden, wie Platons Höhlenbewohner, und dementsprechend langweilig gelebt. Jetzt lief es umgekehrt. Und wie es lief! Die Welt stellte sich *mir* vor, dem Phänomenologen und angehenden Schriftsteller. Gemeinsam mit dem Doktor würde ich mich ganz und gar ins Staunen zurückziehen, um dort, im Niemandsland hinter dem eigenen Subjekt, den Advent der Dinge aufzusuchen. Dann würde sich die Wahrheit entbergen. Dann würde die Wirklichkeit sprechen und sich praktisch von selbst zu einem packenden Romanstoff entwickeln.

Den Begriff »L'esprit de l'escalier« hat Diderot geprägt. In seinem *Paradoxe sur le Comédien* erzählt er, wie ihm in einer Diskussion die Schlagfertigkeit fehlte, um seinem Gesprächspartner zu widersprechen. Erst beim Abgang, auf der Treppe, fiel ihm das richtige Wort ein. Daraus zog der Philosoph den Schluß, die Treppe habe Geist und sei imstande, uns zuzuflüstern, was uns vorhin, im Salon, nicht eingefallen war.

Was hat uns der Geist der Treppe zu sagen? Was wird uns in der Dämmernis der Treppenhäuser zugeraunt, wenn wir den illustren, von Gastgebern, Gästen und Meinungen erfüllten Salon verlassen haben?

Es ist eine einfache Botschaft. Die Treppe sagt uns, daß sie sich auf dem Abstieg befindet, daß ihre große Zeit vorbei ist. In der Tat, die letzten großen Treppen haben Hegel und ein gewisser G. B. Ismay errichtet, wobei der Philosoph wie der Reeder mit ihren Bauten derart hoch gegriffen haben, daß es danach nur noch abwärts gehen konnte.

Hegels schwindelerregende Treppe, so Heidegger, »war die *erste philosophische* Geschichte der Philosophie, die erste angemessene Geschichtsbefragung, aber auch die letzte und letztmögliche dieser Art«. Warum? Ein System, das das Wissen über alle Stufen der Ideen bis zum absoluten Sichselberwissen auftürmt, erst noch in einer Bewegung auftürmt, weniger in Stufen, eher in Wogen, so daß Hegel gleichsam nebenher die Rolltreppe erfunden hat, führt zwar in die Vollendung, kippt aber zugleich in den Untergang: L'esprit absolut de l'escalier, das ist die Treppe auf dem höchsten Höhepunkt, also am Ende ihres Aufstiegs, also am Anfang ihres Abstiegs. Nach Hegel wurde nie mehr in Stufenfolgen gedacht, mit ihm hat sich die Treppe aus der Philosophie verabschiedet.

G. B. Ismay war der Reeder der Titanic, und seinem Hang zu Kitsch und Größe folgend, hatte er im Innern des Dampfers eine über sieben Decks und Etagen in den Speisesaal hinabführende Treppe errichten lassen. Vorbild war die Showtreppe des Broadway, und wie diese war die Titanic-Treppe nur für Auftritte geeignet, für ein Herabschweben der First-Class-Passagiere zum Dinner. Danach nahm man die Lifte. Die Ladies dachten nicht daran, dem Saal ihre Derrières zuzukehren, und die Gentlemen waren zu vollgefressen, um sich über sieben Etagen hochzukämpfen an Deck oder in die Rauchsalons. So wurde auf der Riesentreppe der Titanic niemals auf-, stets nur abgestiegen, und es war am 14. April 1912, um 23 Uhr 40, auf 41° nördlicher Breite, 30° westlicher Länge, als sich die Treppe zu neigen begann. Mit der Titanic ging sie unter, und zwar nicht nur die Treppe der Titanic, sondern – das war ihr bitterer Witz – die Treppe als Treppe. In dieser Größe gab es sie nie mehr, ihre Zeit war vorbei.

Ronald Reagan und seine Gattin Nancy landeten am 16. November 1985 in der späten Samstagnacht in

Genf. Michail Gorbatschow kam erst am Montag, um 11 Uhr 45, und wieder, wie bei der Ankunft der Amerikaner, war der Flughafen Genf-Cointrain mit tausend Polizisten und zweitausend Soldaten abgeriegelt. Das von der UNO angeregte Treffen der beiden Staatsmänner sollte welthistorische Bedeutung bekommen; bald danach begann Gorbatschow mit der Abrüstung, 1989 fiel der Eiserne Vorhang, und schon zwei Jahre später löste sich die Sowjetunion auf. Auch für die Schweiz war der Genfer UNO-Gipfel wichtig, denn in seinem Vorfeld, genauer: auf dem Flugfeld, schaffte es der damalige Bundespräsident, Dr. Kurt Furgler, erst Reagan und dann Gorbatschow in den Dienst unseres Landes zu nehmen.

Schon in den achtziger Jahren drohte die Schweiz wegen ihrer anpasserischen Politik zur Zeit des Zweiten Weltkriegs in die internationalen Schlagzeilen zu geraten – die Sache mit dem Raubgold und den nicht zurückgezahlten jüdischen Vermögen war in den Wandelgängen von Banken, Botschaftsresidenzen und in den Büros des Jüdischen Weltkongresses zum Thema geworden. Später ist alles aufgeflogen, im Jahr 1985 jedoch, da wir in Kurt Furgler einen exzellenten Bundespräsidenten und in Pierre Aubert einen klugen Außenminister hatten, gelang es, die bereits schwärende Wunde noch einmal zu schließen.

Furgler wußte, daß sich das Schweizer Hoheitsgebiet bei der Ankunft von Reagan und Gorbatschow auf die

Gangway und den roten Teppich beschränken würde – an dessen Ende stünde der UNO-Botschafter und würde die beiden Paare jeweils offiziell begrüßen. So blieb Furgler nur eine realtiv kurze Strecke, nicht viel größer als ein Altarraum, um dem alten, bereits etwas tauben Reagan und dem international noch unerfahrenen Gorbatschow das Problem mit unserem angeschlagenen Ruf zu unterbreiten, und wir dürfen uns vorstellen, daß der gesamte Bundesrat seinem Präsidenten geholfen hat, die schwierige Mission in einer szenischen Darstellung zu proben. Dies geschah, vermute ich, aus Gründen der Geheimhaltung mitten in der Nacht im leeren, nur spärlich beleuchteten Treppenhaus unter der Berner Bundeskuppel. Dabei wird Aubert, der Außenminister, die Stoppuhr bedient haben, während die restlichen Bundesräte in die Rollen der Staatsgäste schlüpften, um im nächtlich düsteren Treppenhaus aus dem imaginären Flugzeug zu steigen und sich von der Rede des Bundespräsidenten überfallen zu lassen.

An dieser Stelle könnte man sich natürlich fragen, was es bedeutet, wenn eine Regierung wieder und wieder eine Treppe hinunterschreitet, jeweils zwei Herren Arm in Arm, als Reagan und Nancy oder als Gorbatschow und Larissa. Zudem ließe sich überlegen, ob sich nicht schon damals, in jener Nacht, das Grounding der Swissair, ja sogar des gesamten Landes abgezeichnet hat – schließlich stellte die Treppe, die die Herren Bundesräte probehalber hinabeilten, eine Gangway vor.

Aber lassen wir das! – Schauen wir uns lieber an, was Dr. Kurt Furgler, der ehemalige Ministrant und Treppenkenner, im Vorfeld des UNO-Gipfels auf dem Flugfeld erreicht hat.

Die beiden Empfänge liefen ab wie geprobt. Während die hohen Paare jeweils würdevoll auf den UNO-Botschafter zuschritten, klemmte sich der Schweizer Bundespräsident, sein Hoheitsrecht in Anspruch nehmend, an ihre Seite und spulte den einstudierten Text ab, in der späten Samstagnacht in englischer, am Montagvormittag in russischer Sprache. Dabei brachte er das Kunststück fertig, die Herrscherpaare der beiden Hemisphären a) über die gegen uns erhobenen Vorwürfe zu informieren, b) die historischen Hintergründe zu erläutern und c) den nötigen Beistand zu erbitten. Die beiden Staatsbesucher haben ihn gewährt. Sie, die vom Himmel gekommen waren und nun zur Erde strebten, waren nach uralter Sitte sofort bereit, im zugigen Zwischen der Gangway den Obolus zu entrichten, den Furgler ihnen abforderte. Sie erklärten sich zu Freunden unseres Landes, und der bedrohliche Schwelbrand der Vorwürfe gegen unsere Weltkriegspolitik war fürs erste gelöscht. Furgler hatte vom *esprit de l'escalier* profitiert und konnte es verschmerzen, daß seine Aktion vom Medienpulk, ja von der gesamten, an den Fernsehschirmen versammelten Bevölkerung als Treppenwitz belächelt wurde.

Treppen sprechen, und mittlerweile sprechen sie deutlich von ihrem Ende. Daß sie in Hochhäusern oder, um nur ein Beispiel zu nennen, auf dem geplanten Berliner Großflughafen nur noch als *Not*treppen vorkommen, spricht zuallererst die Not der Treppe aus. Der moderne Terminal braucht sie nicht mehr, höchstens bei Staats- oder Papstbesuchen, die, ihrerseits zum Anachronismus geworden, die Gangway als museales Requisit enttarnen.

Auch in den Gotteshäusern ist die Treppe und mit ihr der Altar abgeschafft worden. Papst Johannes XXIII., der römische Gorbatschow, und das Vatikanische Konzil nahmen der katholischen Kirche nicht nur die Sprache, sondern ebenso das Geheimnis, die Aura. Der Priester wurde auf die Ebene des Volkes heruntergeholt und dadurch der Wandlungskraft beraubt. Daß die christlichen Kirchen, zumindest in unseren Breitengraden, den Zugang zum Absoluten verloren haben, zeigen auch die Bettler – heutzutage siedeln sie nicht mehr im Aufgang zur Oberwelt des Glaubens, sondern vor dem Einstieg in die Unterwelt der U-Bahn-Systeme.

Aber hallo, werden Sie an dieser Stelle einwenden, wird das Leben für jene, die an Krücken gehen oder in Rollstühlen sitzen, durch das Verschwinden der Stufen nicht angenehmer? Mag sein. Sie bewegen sich leichter. Aber ich fürchte, die eigentliche Absicht hinter solchen Maßnahmen und Vorschriften ist das Nivellement, die Einebnung. Denn vergessen wir nicht: Früher, als es noch Treppen gab, hatten die, die durch das Leid von Gott gezeichnet waren, in der Zwitterwelt zwischen Straße und Altar ihren Ehrenplatz – näher am Absoluten und über uns Passanten um eine halbe Etage erhöht. Die moderne Gesellschaft hat diesen Zwischenraum geschleift. Ob Kaiser, Priester oder Bettler: Unsere Zeit hat alle auf die unterste Ebene gebracht. Plattmachen, lautet die Devise.

Über Jahrhunderte führten Treppen wie in Platons Gleichnishöhle nach oben. Dann kam Hegel, ihm folgte G. B. Ismay, und die Treppe, noch einmal zu ihrer vollen Exzentrizität entfaltet, leitete ihren Abstieg ein. Nun führten Treppen, von einigen Ausnahmen und Anachronismen abgesehen, nach unten – wie auf der Titanic.

Und heute? Heute nehmen wir in der Regel den Lift. Oder die Rolltreppe. Allerdings ist dies eine Treppe, die sich im Sinn ihres philosophischen Anregers zugleich setzt und aufhebt. Auf der Vorderseite sieht das Menschentransportband tatsächlich nach einer Stiege aus; die Stehplätze werden von richtigen Stufen gebildet, auf der Rückseite jedoch nehmen sich die Stufen zurück, die Treppe vernichtet sich selbst.

Ein nicht ungefährlicher Vorgang, auch für den Benutzer – ich habe es am eigenen Leib erlebt.

Im Herbstsemester 1996 war ich Visiting-Professor am Dartmouth-College in New Hampshire. Das Leben in der Fremde gefiel mir. Die Atmosphäre war so englisch wie der Rasen, der Glockenturm weiß, die Bibliothek gediegen und die Studenten von einem Fleiß, der mich überwältigte. Die Boys sahen aus wie Eishockey-Cracks, groß, breit, blond und kurzgeschoren, die Girls wie die Bardot, nur größer, viel größer, und die Kinnladen vom ewigen Kaugummikauen etwas ausgeleiert. Nette junge Leute. Daß ich, ihr Dozent, der kleinste und dickste war, störte mich nicht. Im Indian Summer loderten die Bäume, ich machte lange Spaziergänge am Fluß, besuchte Footballspiele und bewunderte in der Mensa etwa fünfzig verschiedene Obstsaftsorten. Und dann geschah's. Die Vorwürfe gegen die Weltkriegspolitik der Schweiz wurden laut, sehr laut – *wie* laut, mag die Beobachtung belegen, daß in den vier Monaten, da ich in den USA war, die amerikanischen TV-Nachrichten Europas Hauptstädte und Regierungen vollständig ignorierten, nie war von London, Bonn oder Paris die Rede, aber nun fuhr Abend für Abend fast auf jedem Sender ein blaues Züri-Tram über den Paradeplatz, und ein von moralischer Entrüstung triefender Korrespondent erklärte Amerika, daß wir Schweizer unseren Wohlstand aus den Gebissen von KZ-Häftlingen gebrochen hätten. Meine Kollegen am German Department zitierten mich vor ihr Gericht. Ich versuchte vergeblich, die historischen Zusammenhänge darzustellen, aber an Fakten waren sie nicht interessiert – unsere Schuld sollte ich bekennen, meine

Scham sollte ich gestehen. Es war entsetzlich. Hitler hatte immerhin den Anstand besessen, sich von ihnen, den Amis, besiegen zu lassen, während wir Schweizer, ein einzig Volk von Zahngoldräubern, an toten KZ-Häftlingen reich und fett geworden waren. Fernab der Heimat war ich mittendrin. Ich bekam Fieber. Im Unterkiefer eiterte es. Ein Rückflug, meinte der Zahnarzt, käme nicht in Frage, aber egal, ich mußte weg, ich floh, ich flog. Über dem nächtlichen Atlantik meinte ich, meine Kinnlade würde so groß wie die meiner Studenten, die passende Strafe für einen Zahngoldräuber, bei der Landung explodierte mein Schädel, ich näherte mich dem Delirium. Meine Mutter holte mich ab, und zwar mit mehreren Plastiktüten, worin sie das Nötigste für meinen leeren Eisschrank mitbrachte. Eine weitere Tüte enthielt zwei Flaschen Merlot sowie einen vorgekochten Hackbraten. Vielen Dank! Es gelang mir, Mamas Gaben zusammen mit meinen drei Koffern auf das Transportwägelchen zu packen, und mit dem Hinweis, ich müsse sofort zum Zahnarzt, ließ ich meine Mutter stehen. Ich wunderte mich: Was war während meiner Abwesenheit mit dem Flughafen passiert? Der Boden stieg leicht an. Also stemmte ich mich mit voller Kraft gegen den Schiebebügel, erreichte die zum Untergeschoß hinabführende Rolltreppe und purzelte, da ich viel zuviel Schwung hatte, samt Wägelchen, Gepäck und Mamas Plastiktüten über die scharfkantigen Stufen in die Tiefe. Es klirrte, rumpelte, knallte. Schon zerfetzte das messerscharfe, am unteren Treppenende fortwährend die Stufen verschluckende Maul die Plastiktüten, schon zerfleischte es den Braten, schon erwischte es meinen Mantelsaum, und während ich, um dem Eingeschlitztwerden zu entkommen, wie ein verrücktes Kind über die unter mir weggleitenden Stufen aufwärts krabbelte, nein, nicht aufwärts, nur an Ort und Stelle, sah ich über mir eine Gruppe von Herren – Herren im eiligen Rückwärtsschritt, eifrig bemüht, auf der abwärts sausenden Treppe ebenfalls, wie ich, an Ort und Stelle zu bleiben. Sie werden es nicht glauben, ich erzähle es trotzdem: Es waren Herren in langen schwarzen Mänteln, mit großen schwarzen Hüten und Schläfenlocken. Orthodoxe Juden. Einer von ihnen konnte die Treppe schließlich stoppen. Alles erstarrte. Nur noch Mamas Merlot gluckerte. Meine Habe zerfleddert, mein Mantel zerrissen. Über mir entsetzte Blicke. Da kam der vorderste Herr zu mir herab, beugte sich über mich und sagte im breitesten Züritütsch: »Hauptsach, mir sind wieder dihei.«

Früher führten Treppen nach oben, dann führten sie nach unten, und heutzutage gerät auf den letzten Treppen nicht nur ihr Benutzer in Not – die Treppe selbst ist in Not geraten und im rollenden Transportband oder in den Betonschächten verschwunden.

Aber sonderbar, beim Wort Wendeltreppe spiralt der Finger immer noch nach oben. Warum? Was meint er bloß? *Warnen* will er uns, der erhobene Zeigefinger! Wenn es ernst wird, fallen die Rolltreppen und Lifte aus. Wenn die Erde bebt oder ein Brand aufflackert, wenn beißender Qualm durch die Ritzen dringt und die ersten Böden einbrechen, stürzen wir zu den Notausgängen. Sie sind die einzig mögliche Rettung und geben der Treppe ihre uralte Macht, ihre uralte Würde und die transzendentale Bedeutung zurück. Wo es um Leben und Tod geht, hilft uns nur die Treppe.

Zum Schluß möchte ich von meiner letzten Begegnung mit dem Doktor berichten. Damals, in den siebziger Jahren, gab es auf der Westseite der Berliner Mauer da und dort Treppen, die einen Ausblick über die Zinne und den Todesstreifen in die östliche Stadthälfte boten. Eines dieser roh gezimmerten, hölzernen Gestelle stand auf der niemandslandigen Brache des Potsdamer Platzes, und es war an einem Herbstabend mit tiefen, schwarzen, von Ost nach West fliegenden Wolken, da ich mit dem Doktor im Geschwindschritt zur schmalen Plattform hochstieg, er mit wehendem Regenmantel, Lederhandschuhen, Sonnenbrille und einer tief in die Stirn gezogenen Schirmmütze. »Passen Sie auf«, jubelte der Doktor erregt, »gleich geht's los!« – und tatsächlich, kaum hatten wir die oberste Stufe erreicht, jaulten drüben, irgendwo im grauen Häusermeer von Ostberlin, mehrere Sirenen auf.

»Ahnen Sie, was geschieht?« rief er mir zu. »Das ist

der Anbruch der Epiphanie! Die Dinge beginnen sich zu zeigen. Die Welt offenbart sich.«

Ich hätte bemerken müssen, daß der Doktor dem Ansturm nicht gewachsen war. Er hatte einen weiten Weg hinter sich, einen schwierigen Aufstieg. Vom vifen Jungen auf der untersten Stufe war er bis ganz nach oben gelangt, auf jene letzte Stufe, die im Bild seine tote Schwester einnahm, etwas Fernes und Verklärtes ausstrahlend. Dem Doktor, der seine stahlblauen Augen hinter der schwarzen Brille verbarg, näherte sich nun die lang gesuchte Wirklichkeit. Wenige Tage nach unserem Blick über die Mauer entfernte er von seinem einzigen Bild, dem Treppenbild, den Draht, formte ihn zu einer Schlaufe und hängte sich in seiner Wohnung auf.

Nachweis

Die einzelnen Texte dieser Sammlung sind zu verschiedenen Zeiten und in verschiedenen Publikationsorganen als Reden, Zeitschriften- oder Zeitungsartikel erschienen. Hier werden sie in überarbeiteter Fassung veröffentlicht.

Schreiben erschien am 7. Oktober 2006 in der Frankfurter Allgemeinen Zeitung und im Magazin des Tages-Anzeigers Nr. 41, 2006, außerdem im Sammelband »Das erste Buch. Schriftsteller über ihr literarisches Debüt«, herausgegeben von Renatus Deckert, Frankfurt am Main 2007.

Im Foyer erschien erstmals in Theater heute, Sondernummer 2002: Bürger & Parkett.

Lesen erschien erstmals in den Schweizer Monatsheften, Zeitschrift für Politik Wirtschaft Kultur, März/April 2007.

Der mehrfache Fueter erschien erstmals in »Daniel Fueter – Kontrapunkte Koloraturen«, herausgegeben von Balthasar Zimmermann, Zürich 2007.

Lehrjahre in Platons Höhle wurde am 29. September 2007 als Rede zur Eröffnung der Zürcher Hochschule der Künste (ZHdK) gehalten und erschien erstmals im Tages-Anzeiger vom 1. Oktober 2007.

Traumkugel und Kugeltraum erschien erstmals am 13. September 2003 in der Frankfurter Allgemeinen Zeitung sowie in Anstoß, Nr. 1, November 2004, der Zeitschrift des Kunst- und Kulturprogramms zur Fifa WM 2006, herausgegeben von Jochen Hieber.

Im Dichtergarten von Cadenabbia erschien erstmals in der Anthologie »Cadenabbia als literarischer Ort. Schriftsteller am Comer See«, herausgegeben von Bernhard Vogel, Berlin 2006.

Angewandte Unendlichkeit wurde am 25. September 2003 als Dankesrede zum Jean-Paul-Preis gehalten und erschien erstmals in Sinn und Form, Sechstes Heft, November/Dezemer 2003.

Die bunte Liste der Einsamkeiten erschien erstmals in »Unüberwindliche Nähe. Texte über Botho Strauß«, herausgegeben von Thomas Oberender, Berlin 2004.

Reaktionäre Rebellen erschien erstmals in der Zeit Nr. 32, Juli 2004.

Vogel Oechslin erschien erstmals in »Architektur weiterdenken«, herausgegeben von Sylvia Claus, Michael Gnehm, Bruno Maurer und Laurent Stadler, Zürich 2004.

Die pädagogische Provinz wurde am 17. Oktober 2003 als Festrede zum 125jährigen Bestehen des Gymnasiums Weilheim in Oberbayern gehalten und erschien erstmals in der Süddeutschen Zeitung vom 25./26. Oktober 2003.

L'esprit de l'escalier war eine Vorlesung am 6. Februar 2007 an der ETH Zürich auf Einladung der Karl-Schmid-Gesellschaft und erscheint hier erstmals im Druck.

Das Holztheater

Geschichten und Gedanken am Rand

100 Seiten. Broschiert

ISBN 978-3-250-10435-3

MERIDIANE 1

»Ein echter Hürlimann ist etwas wert! Er ist ein Geschichtenerzähler mit dem Mut zum Risiko und ein Denker, der sich freischwimmt und unsere Kultur unter ganz eigenem Blickwinkel zu definieren sucht. Überraschend, spannend, lehrreich – ohne auftrumpfend zu wirken, obendrein.«

Anton Thuswaldner, Salzburger Nachrichten

Himmelsöhi, hilf!

Über die Schweiz und andere Nester

128 Seiten. Englische Broschur

ISBN 978-3-250-30010-6

ODEON 10

»Das Büchlein ist ein 1. August-Büchlein. Auch wenn es als solches nicht extra gekennzeichnet ist. Denn nur am 1. August denkt die Schweiz laut über sich nach. Hürlimann aber denkt das ganze Jahr über die Schweiz nach. Deshalb sind Hürlimann und Schweiz eins. Selbst wenn er über Goethe schreibt oder über sein Leben als Unterdozent in Berlin, die Schweiz ist dabei. Obendrein macht er aus jedem Textstück ein Schmuckstück.«

Lilith Frey, Blick

Der letzte Gast
Eine Komödie
112 Seiten. Broschiert.
ISBN 978-3-250-01034-0

»*Der letzte Gast* ist mehrere Komödien in einer – Künstlerkomödie, Theatermachertheater, bürgerliches Endspiel, komisches Katastrophen- und Untergangstheater. Das Stück, das natürlich ans Wiener Akademietheater oder an die Josefstadt gehört, wurde nun am Schauspielhaus Zürich aufgeführt...« *Sigrid Löffler, Profil*

»Die Dialoge sind grandios. Zwischen burlesken Szenen voller Albernheit, zwischen konventioneller Konversation taucht eine andere Sprache auf, die von fern daran erinnert, was Dichtung einmal bedeutet hat: Das Bestehen darauf, dass Menschen sinnliche Wesen sind, fähig zu Leiden und Selbstreflektion.« *Taz*

Ammann Verlag

Inhalt

Die lieferbaren Bücher
von Thomas Hürlimann
im Ammann Verlag

Die Tessinerin
Eine Erzählung
96 Seiten. Halbleinen
ISBN 978-3-250-10298-4

»Ein zentraler Text in der Schweizer Literatur des 20. Jahrhunderts.« *Christian Scholz, SWF*

»Thomas Hürlimann überzeugt durch seine Sprachbegabung. Es gibt Anklänge an Robert Walser, es gibt ein Echo expressionistischer Prosa – und doch hat Hürlimann schon den eigenen Ton gefunden.« *Rolf Michaelis, Die Zeit*

Das Gartenhaus
Novelle
140 Seiten. Leinen mit Lesebändchen
ISBN 978-3-250-60050-3
Meridiane 50

»A persuasive and engaging picture of human eccentricity, in which sorrow is met with spirit, and estrangement, finally, is overcome by love.« *Times Literary Supplement*

Fräulein Stark

Novelle

192 Seiten. Leinen mit Lesebändchen

ISBN 978-3-250-60075-6

MERIDIANE 75

»Vor keiner Verzauberung kann man in dieser Sommergeschichte sicher sein. Und auch wenn diese Novelle manchmal wirkt wie auf Seide gemalt – durchscheinend, schillernd, absichtslos: Keine dieser Verzauberungen, die nicht einer höheren erzählerischen Idee folgte in diesem architektonischen und ökonomischen Meisterwerk. Er kann nun werden wie er will, dieser Sommer. Mit diesem schwerelosen Buch ist man wirklich gegen alles gewappnet.« *Elmar Krekeler, Die Welt*

Vierzig Rosen

Roman

368 Seiten. Leinen mit Lesebändchen

ISBN 978-3-250-60100-5

MERIDIANE 100

»Thomas Hürlimann hat einen grandiosen Roman über die destruktive Kraft der Liebe geschrieben, über das Gefängnis Familie und das unerbittliche Vergehen der Zeit. Das Grandioseste aber ist, wie er, indem er den Leser erschaudern macht, ihn zugleich auch tröstet durch das ewige Ticken der Uhren und den harmonischen Gleichklang der Geschichten vom Scheitern.«

Evelyn Finger, Die Zeit